国家自然科学基金青年项目"老将出马：有岗位经验的CE
目编号：71902101），湖北省社会科学基金一般项目"
跳跃与组织绩效的关系研究"（项目编号：2020172），
目"中国组织管理研究的严谨性、相关性与合法性：理论
编号：71802089）

经管文库·管理类

前沿·学术·经典

高管团队特征、研发投入跳跃与组织绩效的关系研究

TMT CHARACTERISTICS, R&D INVESTMENT LEAP AND ORGANIZATIONAL PERFORMANCE

贾慧英　王宗军　曹祖毅　著

经济管理出版社

ECONOMY & MANAGEMENT PUBLISHING HOUSE

图书在版编目（CIP）数据

高管团队特征、研发投入跳跃与组织绩效的关系研究/贾慧英，王宗军，曹祖毅著 . —北京：经济管理出版社，2023.6

ISBN 978-7-5096-9088-8

Ⅰ.①高…　Ⅱ.①贾…　②王…　③曹…　Ⅲ.①企业—技术开发—关系—企业绩效—研究　Ⅳ.①F273.1 ②F272.5

中国国家版本馆 CIP 数据核字（2023）第 115662 号

组稿编辑：王　洋
责任编辑：王　洋
责任印制：黄章平
责任校对：张晓燕

出版发行：经济管理出版社
　　　　　（北京市海淀区北蜂窝 8 号中雅大厦 A 座 11 层　100038）
网　　址：www.E-mp.com.cn
电　　话：（010）51915602
印　　刷：唐山玺诚印务有限公司
经　　销：新华书店
开　　本：720mm×1000mm/16
印　　张：11.75
字　　数：204 千字
版　　次：2023 年 9 月第 1 版　　2023 年 9 月第 1 次印刷
书　　号：ISBN 978-7-5096-9088-8
定　　价：98.00 元

前　言

　　组织研发投入是企业获取新技术，开发新产品、新服务和新流程以提高生产力和获取竞争优势的重要途径，是对企业未来的投资。然而，由于研发活动的投入高、周期长、失败率高等特性，导致研发投入力度大，但并不必然带来高绩效。因此，如何合理分配创新资源，对研发活动进行积极有效的管理成为当前企业面临的重大难题。本书首先从探索（exploration）与利用（exploitation）理论视角来看待企业的研发活动，并将探索式研发与利用式研发的转换操作化为组织研发投入跳跃，进而观察研发投入跳跃对组织绩效的影响；其次，分析并检验了我国的制度背景——市场化进程对研发投入跳跃与组织绩效关系的调节效应；最后，基于高阶理论的视角探讨了高管团队特征对研发投入跳跃的影响。主要研究内容及结论如下：

　　第一，基于间断式平衡的收益和风险分析框架，分析并检验了研发投入跳跃对组织绩效的影响，以及组织吸收能力和组织所处的行业技术动态性的调节效应。以往研究认为研发投入跳跃对组织绩效的影响为正，本书研究结果发现研发投入跳跃对组织绩效的影响并非线性的越高越好，而是呈倒 U 形。此外，组织吸收能力和行业技术动态性对研发投入跳跃的关系存在调节效应，即吸收能力越强的组织，越有能力在探索式研发与利用式研发之间顺利转换，转换的成本越低；组织所在的行业技术动态性越高，则组织进行探索与利用转换的收益越大。

　　第二，从我国转型经济的特殊制度背景出发，探讨并检验了市场化进程对组织研发投入跳跃与组织绩效关系的调节效应。研究结果发现，总体市场化进程的调节效应成立，即在总体市场化程度较高的地区，组织研发投入跳跃对组织绩效的影响为正，在总体市场化程度较低的地区，组织研发投入跳跃对组织绩效的影响为负；但是就市场化进程的五个具体方面而言，其中三个方面的调节效应成立，两个不成立。具体来说，政府与市场的关系、要素市场的发育、市场中介的发育程度与法制环境的调节效应成立，当这三个方面的市场化程度较高时，组织研发投入跳跃对组织绩效的影响显著为正，当这三个方面的市场化程度较低时影响为负；非国有经济的比重和产品市场的发育程度对组织研发投入跳跃与组织绩效关系的调节效应不成立。

第三，基于高阶理论，分别分析并检验了高管团队特征对组织研发投入正向跳跃和负向跳跃的影响。研究结果发现：高管团队规模正向影响研发投入负向跳跃；任期异质性对研发投入跳跃的影响为正；高管团队平均任期正向影响研发投入跳跃；职能背景异质性负向影响研发投入负向跳跃；产出导向职能背景的比例负向影响研发投入正向跳跃，正向影响研发投入负向跳跃；高管团队平均学历正向影响研发投入跳跃；高管学历异质性正向影响研发投入正向跳跃。

综上，本书通过研发投入跳跃的前因、后果以及调节变量的研究，试图回答组织在如何通过研发资源的合理分配降低风险的同时提高研发收益。首先，通过间断式平衡的风险收益分析，发现研发投入跳跃对组织绩效的倒 U 形影响；其次，通过市场化进程对研发投入跳跃与组织绩效关系的调节效应发现地区宏观制度环境对微观组织的创新资源配置以及配置效率的影响；最后，通过高管团队特征对研发投入跳跃的影响发现高管团队的分布特征影响决策层的信息处理能力和团队成员的互动过程，进而影响组织研发投入跳跃。该研究对于组织研发管理与政府政策制定和实施具有一定的实践和政策启示意义。

目　录

第一章　绪论 ………………………………………………………………… 1

　　第一节　研究背景 ……………………………………………………… 1

　　第二节　研究问题 ……………………………………………………… 5

　　第三节　关键概念界定 ………………………………………………… 6

　　第四节　总体研究框架、内容及方法 ………………………………… 9

　　第五节　研究创新点 ………………………………………………… 12

第二章　理论基础与文献综述 …………………………………………… 14

　　第一节　理论基础 …………………………………………………… 14

　　第二节　文献综述 …………………………………………………… 52

　　第三节　本章小结 …………………………………………………… 63

第三章　研发投入跳跃对组织绩效的影响 ……………………………… 65

　　第一节　问题的提出 ………………………………………………… 65

　　第二节　理论基础与研究假设 ……………………………………… 66

　　第三节　研究设计 …………………………………………………… 72

　　第四节　实证检验与结果分析 ……………………………………… 76

　　第五节　本章小结 …………………………………………………… 85

第四章　市场化进程对研发投入跳跃与组织绩效关系的调节效应 …………… 90

　　第一节　问题的提出 ……………………………………………… 90

　　第二节　理论回顾与研究假设 ………………………………… 91

　　第三节　研究设计 ……………………………………………… 95

　　第四节　实证检验与结果分析 ………………………………… 97

　　第五节　本章小结 ……………………………………………… 105

第五章　高管团队特征对研发投入跳跃的影响 ………………………… 108

　　第一节　问题的提出 ……………………………………………… 108

　　第二节　理论基础与研究假设 ………………………………… 109

　　第三节　研究设计 ……………………………………………… 119

　　第四节　实证检验与结果分析 ………………………………… 126

　　第五节　本章小结 ……………………………………………… 138

第六章　结论与展望 …………………………………………………… 142

　　第一节　主要研究结论 ………………………………………… 142

　　第二节　理论贡献 ……………………………………………… 144

　　第三节　实践与政策启示 ……………………………………… 146

　　第四节　研究局限及展望 ……………………………………… 148

参考文献 ………………………………………………………………… 150

后　记 …………………………………………………………………… 180

第一章 绪论

第一节 研究背景

一、现实背景

我国经济转型的关键在于企业的转型升级，企业转型升级的出路在于企业的自主创新，自主创新的源泉便是研发投入。研发投入是企业获取新技术，开发新产品、新服务和新流程以提高生产力和获取竞争优势的重要途径，是对企业未来的投资。然而，由于研发活动的投入高、周期长、失败率高等特性，研发投入力度大并不必然带来高绩效。以生物制药行业为例，根据新产品研发的阶段性特点，研发失败可能发生在"基础研究—应用研究—实验开发"中任何阶段。可能由于基础研究无法取得重大突破，临床前研究不达标，或是临床试验失败、无法通过审批等技术因素；也可能由于对新产品的差异化定位不足，无法找到合适的市场优势等（李天柱等，2013；Argyres，1996）。

因此，从长期来看，如何分配创新资源，如何对研发活动进行积极有效的管理成为当前企业面临的重大难题。从根本上来说，如果企业的研发投入不能通过有效的分配和管理转换为企业切实的市场价值和竞争优势，则这样的研发投入也是不能持续的。如果不能通过有效的研发管理提高创新的可预期性，提高创新的收益，降低创新的风险，只会让更多的企业对研发投入望而却步，"大众创业，万众创新"的理想局面最终恐难实现。

纵向来看，随着我国创新驱动发展战略的实施和推广，企业越来越重视自主研发和自主创新，我国企业研发投入的规模和范围逐年扩大，研发投入体量的扩大也需要更多深入细致的研究来提高企业研发投入产出比，进而提高企业绩效和竞争优势。国家统计局数据显示①，2022 年我国全社会研究与试验发展（R&D）经费投入达到 30870 亿元，R&D 经费与国内生产总值（GDP）之比达到 2.55%，其中 2018~2021 年 R&D 与 GDP 之比分别为 2.14%、2.24%、2.41%、2.43%，呈现逐年提高趋势。从国际比较来看，我国 R&D 经费投入强度在世界主要国家中排名第 12 位，超过法国（2.35%）、荷兰（2.32%）等创新型国家，并进一步接近 OECD 国家平均水平（2.67%）。如此大体量的研发投入转化为现实的生产力和经济效益依然需要微观主体——企业能够更加高效科学地进行研发资源的分配和使用。

因此，围绕着企业如何配置研发资源才能实现最大经济收益，以及政府需要提供什么样的制度经济环境才能支持企业做出最优创新决策等议题进行研究在我国当前"创新驱动发展战略"大背景下具有深远而重要的现实意义。

二、理论背景

（一）经济与资源学派对 R&D 的重视

对 R&D 投入的重视最初源于经济学派对经济增长的研究。代表人物为 Schumpeter（1942）、Arrow（1962）、Nelson（1959）等。他们认为技术进步是经济增长的源泉，研发与干中学是推动技术进步的两种有效途径。研发活动能够创造知识，提高知识存量，促进产品、工艺、流程和材料创新，进而推动经济健康持续增长。实证研究发现，在企业层面，美国的 R&D 产出弹性在 0.05~0.1；法国的 R&D 产出弹性在 0.09~0.25；日本的 R&D 产出弹性在 0.2~0.56；德国的 R&D 产出弹性为 0.13，丹麦的 R&D 产出弹性在 0.12~0.15（吴延兵，2006）。

---

① 数据来源于中华人民共和国政府网站：http://www.gov.cn/xinwen/2023-01/20/content_5738 199.htm。

近年来，国内外学者也比较关注中国的 R&D 投入对经济增长的贡献，一系列研究均发现自主研发能够显著促进生产率；但是自主研发对生产率的影响存在地区差异，自主研发仅在我国东部和中部地区对生产率具有显著的促进作用（吴延兵，2006，2008）。

在战略与组织领域，Cohen 和 Levinthal（1989）首次系统概括了 R&D 的重要作用——学习和创新，同 Cohen 和 Levinthal（1990）一起，成为目前为止 R&D 研究领域引用率最高的 2 篇期刊论文。[①] Cohen 和 Levinthal（1989）指出，一直以来，经济学家认为企业内部研发只有一个目的——创新，然而除了创造新技术、新产品和新知识外，内部研发还培养了一种组织能力，使得组织能够从环境中去识别、消化和利用知识。Tilton（1971）也指出，在半导体行业，内部研发使组织有机会接触最新的行业技术信息，并有能力消化和利用组织之外的新技术。许多企业参与基础性研发的目的也是为了能够识别和利用高校或者政府公共机构产生的最新的科学和技术知识，从而在利用新技术方面获得先动优势。Cockbum 和 Henderson（1998）发现在制药行业，企业往往通过提高内部的基础性研发来提高内部的吸收能力，从而提高对外部基础研发知识的接触机会，进而提高新产品开发绩效。

（二）R&D 投资的风险

然而，并不是所有的研究都验证了 R&D 投资对组织绩效的正向关系（肖书锋，2016）。研发强度过大将增加企业的潜在风险，增加企业再融资的困难程度，研发失败可能会导致组织现金流断裂，进而威胁组织生存（Muller and Zimmermann，2009；Mudambi and Swift，2014）。在组织和战略管理中，研发投入不仅意味着一项对未来竞争优势的重要投资，也是实实在在的成本，研发强度或者水平在一定程度上也代表了组织的风险程度（Bromiley et al.，2017）。

由此可见，从企业层面来看，研发投入并不必然导致高绩效或者高风险，需要更多理论和实证研究对其进行更为细致的研究。如何进行研发投入管理才能降低风险提高绩效呢？

---

① 在 Web of Science 核心合集中以"R&D"或者"r&d"为主题词进行搜索，限定研究类别为 management，日期设定为 2000~2017 年，共有 3553 条记录，本书对这 3553 条记录进行文献计量分析发现，引用率最高的 2 篇文章为 Cohen 和 Levinthal（1989，1990）。

（三）探索与利用理论在研发情境中的应用契机

自 March（1991）提出探索（exploration）与利用（exploitation）概念以来，已经受到了中外学者的广泛关注和研究。研究问题包括探索与利用的内涵、二者之间的关系及其组织如何实现二者的平衡等（Gupta et al.，2006）。探索新的可能性与利用现有的确定性是组织对环境必要的适应过程，二者的平衡对组织的发展和繁荣非常重要，一方面企业需要聚焦，在现有能力的基础上不断改进产品和服务以提高效率，以便能够更好地服务于现有的客户和市场，这样的创新方式称为利用式创新；另一方面企业需要打破常规，通过实验和广泛搜寻等方式去寻找新的技术、产品和市场，这样的创新方式称为探索式创新（Tushman and O'Reilly，1996；He and Wong，2004；Andriopoulos and Lewis，2009；Gupta et al.，2006）。然而它们总是或明或暗地相互竞争企业的稀缺资源，明面上的竞争如企业的投资和竞争策略，潜在的竞争如组织形式和规范、激励系统等（Gupta et al.，2006；March，1991）。同时，在组织外部，这两种创新的产品通常在市场上相互竞争（Christensen，1997）。于是外部的市场需求与内部的组织惯性共同促使组织专注于现有产品而非创新（Hannan and Freeman，1984），如果不加控制，企业往往容易陷入"成功陷阱"中。反之，如果企业过度追求探索性创新而忽略利用式创新，容易陷入实验—失败—再实验的恶性循环当中，也称"失败·陷阱"。

那么，企业如何才能规避这两种陷阱，兼顾探索式创新和利用式创新以提高自身对内外部环境变化的适应性，赢得持久的竞争优势呢？鉴于探索与利用活动的冲突性和竞争性，时间上或者空间上的分离是重要的减缓冲突的策略。时间上的分离策略是指组织能够在探索与利用之间进行转换，一段时间偏重探索，而另一段时间偏重利用，不停地在探索和利用之间进行选择，也称为"间断式平衡"或"时间双元性"，关键的问题是管理者需要判断何时应该进行转换以及如何转换。空间上的分离是指组织在结构上分为不同的相对独立、互不干扰的业务单元，允许不同的组织单元拥有不同的程序、惯例和文化价值观等，这样在同一个组织内部由不同的组织单元分别担任不同的角色，使不同性质的活动在不同的组织单元或群体开展，如核心业务单元负责现有产品和市场的维护和拓展，而研发部门负责规划新市场、发展新技术、跟踪行业动态等，从而在组织层面同时实现探索与利用的平衡，这种平衡探索与利用的方式称为"结构双元"。这种结构的分离是必要的，因为这两类活动有着根本的差别，然而结构的分离可能导致组织的分裂，很多研发部门的产品或者技术由于缺少核心业务部门的支持而得不到大规模投产。

对于空间结构的双元性，已有大量的学者对其进行了深入细致的研究（Andriopoulos and Lewis，2009；O'Reilly and Tushman，2013）。然而，作为其互补机制，间断式平衡的研究相对较少。主要原因在于：间断式平衡需要长期的追踪研究，这是问卷调查方式难以做到的，长期以来没有找到间断式平衡的较好的代理变量。Mudambi 和 Swift（2014）将探索与利用概念引入到组织研发情境中，在这种特定情境下，利用研发投入的非预期的最大程度的波动（研发投入跳跃）代表组织探索与利用式创新的转换，于是解决了间断式平衡的测量难题。此后这篇研究引起了国内外学者的重视和后续研究，Swift（2016）认为探索与利用的转换不仅意味着机会，能够带来良好的创新绩效和组织绩效，还可能会增加风险，导致较高的组织死亡率。吴建祖和肖书锋（2015，2016）采用中国上市公司的数据实证研究发现，探索与利用的转换，不管是从探索转向利用还是从利用转向探索确实能够带来更高的组织绩效。以上研究为本书的研究奠定了重要的理论和方法基础。

第二节　研究问题

基于以上现实背景和理论背景，本书将探索与利用理论应用在研发情境中，围绕着企业如何进行积极有效的研发管理，如何配置创新资源以实现组织长期和短期、效率和柔性的平衡，进一步将研究问题分解为以下具体问题：

问题一：探索式研发与利用式研发在时间上的转换能否为组织带来更高的绩效？哪些因素影响探索与利用转换的收益和风险，进而影响组织绩效？

问题二：在中国转型经济背景下，不同地区的制度环境是否影响研发类型转换与组织绩效的关系？具体哪些制度环境会影响？如何影响？

首先，由于现有研究已经指出转型经济的制度环境对组织战略选择和绩效具有重要影响（Peng，2003），该判断对本书的研究问题提出具有重要的启发意义；其次，由于现有研发投入跳跃与组织绩效关系的研究要么是在西方市场化制度背景下进行，要么采用中国的数据对西方背景下提出的理论进行检验，均没有深入考虑我国制度背景的复杂性和特殊性；再次，现有研究对"理论情境化"的呼吁，指出采用本土数据对西方理论进行检验是较低层次的情境化，而提炼情境化变量，将情境化变量与现有理论进行结合的研究价值更大；最后，我国渐进式转型和梯度式开放导致各地区的市场化进程存在明显差异，这为研究市场化进程对组织研发投入跳跃与组织绩效关系的影响提供了检验条件。因此，本书进一步将研究问题二细化为市场化进程对组织研发投入跳跃与组织绩效关系的调节效应研究。

问题三：哪些因素影响研发类型的转换？

很显然，这是一个宽泛的研究问题，但是从组织研发类型转换决策的"人"的因素来看，可将问题进一步缩小。由于高阶理论主要强调高管或者高管团队特征对组织战略决策和绩效的影响，可作为本书的一个理论基础。通过高阶理论与组织双元性的文献回顾和梳理发现：相关研究间接表明高管团队特征对探索与利用的转换具有重要影响，但是对二者关系的直接研究与检验较少。因此，本书的第三个研究问题进一步细化为高管团队特征对组织研发投入跳跃的影响研究。

第三节　关键概念界定

一、探索式研发与利用式研发

Mudambi 和 Swift（2011）率先将探索和利用概念及其二者的间断式平衡框架拓展至研发管理领域。根据 March（1991）的经典定义，基于研发的探索（也称探索式研发）包括实验、增加多样性和承担风险等性质的活动（Swift，2016），它旨在寻找新的资源以更新或者改变组织现有的竞争地位，往往需要跨越组织与技术边界以致力于非本地知识搜索、整合不同的知识类型以带领组织走向一个新的技术轨道（Mudambi and Swift，2014；Argyres，1996；Rosenkopf and Nerkar，2001）；而基于研发的利用（也称利用式研发）包括完善、执行和提高效率等性质的活动（Swift，2016），它旨在将现有的能力和资源变现，即在现有的技术模式下完善和提高组织现有的技术和产品以适应当前客户的需要。利用式研发往往局限于特定的相对狭窄的技术领域，与知识创造的深度正相关；而探索式研发追求相对宽泛的技术领域，与知识创造的广度正相关（Katila and Ahuja，2002）。探索式研发往往通过小范围测试与自由联系来增加经验的多样性，而利用式研发则通过专注和改进生产过程来增加经验的稳定性（Holmqvist，2004）。探索式研发一般处于新产品开发的早期，而利用式研发旨在完善和改进现有产品的性能、生产工艺和流程（Benner and Tushman，2003）。

二、间断式平衡

间断式平衡最早用来描述特定时期内组织和技术演化的规律（Tushman and Anderson，1986；Anderson and Tushman，1990）。由于技术的完善是一个长期循序渐进的过程，而随机出现的突破性技术则会打破现有的技术发展速度或者轨道，带来新的可能性和不确定性。并且那些创造不连续性或者突破性技术的组织比技术跟随者能够获得更多超额利润（Tushman and Anderson，1986）。Anderson 和 Tushman（1990）将种群生态理论中的"变异—筛选—保持"概念引入技术循环周期中，认为技术的突破性创新开创了一个动荡期，在此期间各种原始创新开始迸发并相互竞争，最终一个占优势的设计会脱颖而出，在竞争中胜出的技术设计会在接下来的较长时期内得到缓慢完善直到下一个引导技术动荡的突破性技术出现。组织结构的演化过程也可理解为长期的渐进变化和适应过程被短期的不连续变化打破，进行再定位，然后进入新的渐变过程，渐变以本地学习和局部完善为主，剧变则具有整体性、系统性、一定的随机性和破坏性（Miller and Friesen，1982）。Ramanelli 和 Tushman（1994）通过微型计算机制造商的纵向研究指出，大部分组织变革都是不连续的，能够在较短时间内完成而非持续较长的时间，并且在组织战略、结构和权力分配方面的渐进性变化并不能通过积累而达到根本性变革，即渐变和剧变是两种不同性质的变革，并不能相互替代。因此，间断式平衡主要通过时间的转换来平衡两种相互排斥但又相互联系的活动，如技术创新的连续性与突破性、组织结构变革的渐进性与革命性。

由于探索与利用的内在矛盾（March，1991；Smith and Lewis，2011），间断式平衡也被学者视为平衡组织探索与利用活动的重要策略（Burgelman，2002；Mudambi and Swift，2011）。长期的利用活动和短时集中的探索活动在时间上的循环提供了协调探索与利用内在冲突的逻辑框架（Gupta et al.，2006），即将组织的适应过程分为一系列离散的时期，每个时期专注于特定类型的活动以最大化可供利用的机会，通过跨时取舍平衡探索与利用（Burgelman，2002；Gupta et al.，2006；Venkatraman et al.，2007）。探索与利用在时间上进行转换的可行性与有效性也得到了实证研究的支持，如 Lavie 和 Rosenkopf（2006）实证研究发现组织可以在战略联盟领域内通过时间的转换平衡探索与利用的关系。Siggelkow 和 Rivkin（2003）通过计算机模拟也证明了组织结构在时间上的依次转换能够帮助组织在现有的发展轨道逐步完善之余转向新机会的探索。Venkatraman 等（2007）认为探索与利用的间断式平衡是基于时间顺序的双元性，是考虑了时间的探索与利用的联合效用。Rothaermel 和 Deeds（2004）研究发现生物科技企业产品创新系统依次经历探索式联盟、产品开发、利用式联盟、投入市场四个阶段。这与 Brown 和 Eisenhardt（1997）等的发现是一致的，即在高度竞争和快速变化的计算机行业，那些成功的企业往往通过有规律的、基于时间的转换过程来连接现在和未来。

三、研发投入跳跃

由于探索式研发往往发生在新产品开发的早期，产品开发的早期往往需要大量的资金投入，而后期的产品开发和完善相对投入较低，即探索式研发比利用式研发更"烧钱"（Clark et al.，1987），因此研发投入先上升后下降通常伴随着组织由早期新产品开发到后期逐步成熟投入市场的过程（Dimasi et al.，2003）。换句话说，在不同的创新阶段需要不同的创新活动，而不同的创新活动所需要的研发投入数量不同，因此研发投入在一段时期内脱离历史趋势或者偏离预期的短时、显著的变化通常意味着探索式研发和利用式研发的转换。当研发投入在短期内显著增加时，意味着企业由利用式研发转向了探索式研发；同样地，当研发投入在短期内显著下降时，意味着企业由探索式研发转向了利用式研发（Mudambi and Swift，2014）。实证研究发现，研发投入波动与组织的知识创造、新产品开发以及组织市场绩效正相关，是积极研发管理的一个可靠的指标，而显著的、脱离历史趋势的研发投入增加或下降均代表了组织在不同的研发类型之间转换（吴建祖和肖书锋，2016，2015；Mudambi and Swift，2014）。

本书用一段时期内研发投入脱离历史趋势或者预期的相对显著、紧凑的最大变化的绝对值作为研发投入跳跃的取值。

第四节　总体研究框架、内容及方法

一、总体研究框架

围绕着本书的主要研究问题"企业如何进行积极有效的研发管理"，以探索与利用理论为研究的突破口，将企业的研发活动分为探索式研发和利用式研发，并将探索式研发与利用式研发在时间上的转换操作化为组织研发投入跳跃。这是本书研究的一个基本出发点。于是本书的研究问题转化为以下三个具体的研究问题：第一，组织研发投入跳跃对组织绩效的影响；第二，在中国转型经济的背景下，市场化进程是否影响以及如何影响组织研发投入跳跃与组织绩效的关系？第三，哪些因素影响组织研发投入跳跃？本书的总体研究框架如图1-1所示。

二、主要研究内容

围绕着本书的总体研究框架，本书的主要研究内容及章节安排如下：

第一章为绪论。主要介绍了研究背景、研究问题、研究思路、总体研究框架、主要研究内容、研究方法以及本研究的主要创新点。

第二章为理论基础与文献综述。主要介绍了探索与利用理论的研究进展与前沿，高阶理论与组织双元性的相关研究，并梳理了研发投入跳跃的内涵及相关研究，在此基础上总结现有研究的不足以及可能的突破点。

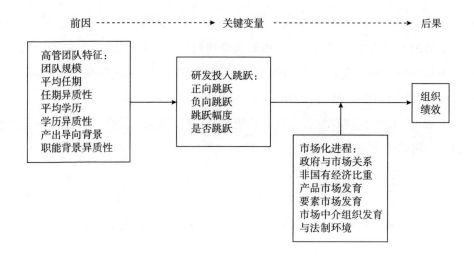

图 1-1　总体研究框架

第三章为研发投入跳跃对组织绩效的影响。采用间断式平衡的收益和风险分析框架，以 2007～2015 年 867 家中国 A 股上市公司面板数据作为样本，分析并检验了研发投入跳跃对组织绩效的倒 U 形关系。此外，还检验了组织吸收能力与行业技术动态性对二者关系的调节效应。

第四章为市场化进程对研发投入跳跃与组织绩效的调节效应。采用中国上市公司的数据和王小鲁（2017）市场化指数数据，分析并检验了地区总体市场化进程与 5 个方面指数（包括政府与市场关系、非国有经济比重、产品市场发育程度、要素市场发育程度、市场中介组织发育与法制环境）对研发投入跳跃与组织绩效关系的调节效应。

第五章为高管团队特征对研发投入跳跃的影响。采用 CSMAR 数据库中的上市公司高管特征数据库以及高管动态数据库等，分析并检验了高管团队规模、任期异质性、学历异质性、职能背景异质性以及高管团队平均任期、平均学历和高管团队成员产出导向背景比例对研发投入正向跳跃和负向跳跃的影响。主要采用"两部分模型"分别检验了高管团队特征对组织研发投入是否跳跃以及跳跃幅度的影响。

第六章为结论与展望。对本书的主要研究结论进行汇总，对理论贡献进行梳理，对实践和政策启示意义进行归纳，最后提出本书的研究局限及未来研究展望。

三、研究方法

本书采用理论研究与实证研究相结合的方法，理论研究贯穿整个研究的始终，并不局限在理论综述部分。具体方法如下：

（一）文献计量分析

本书借助文献计量分析软件（CiteSpace），采用动态的、系统性的、历史的视角尝试较为客观地对探索与利用的知识基础及其演变过程进行探讨，以奠定本书理论研究的基础。近年来，文献计量（bibliometrics）已被广泛应用于管理学相关学科知识结构及演进研究中，国际顶级期刊如 *Strategic Management Journal*（SMJ），*Organization Science*（OS）等已将之视为一种比较客观的科学研究方法。本书主要采用引文和共被引分析对探索与利用概念的知识基础及演进规律进行系统的总结。引文即参考文献，代表了一篇文章的重要知识基础和依据（Ramos-Rodríguez and Ruíz-Navarro，2004）。因此，对某一领域的引文进行分析就代表了对该领域的知识基础进行分析（陈悦等，2014）。共被引分析旨在追踪引文之间的内容相似程度，如果一对引文经常被某领域的前沿研究放在一起引用，就代表二者的相似程度高，可归为同一类（陈悦等，2014）。

（二）回归分析

本书利用 2007～2015 年中国 A 股所有上市公司面板数据作为初始研究样本，根据研究需要对变量进行定义和测量，首先采用面板固定效应分析并检验了研发投入跳跃对组织绩效的影响以及市场化进程的调节效应。其次采用 Tobit 模型的推广形式——"两部分模型"分析并检验了高管团队特征对研发投入跳跃的影响。

四、技术路线

本书研究的技术路线如图 1-2 所示：

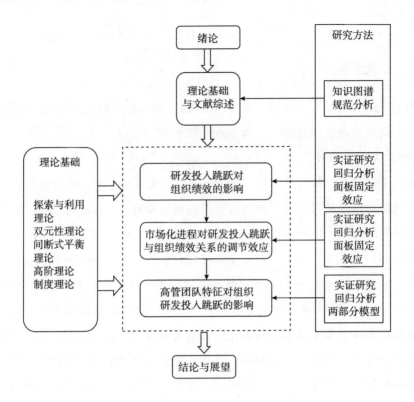

图1-2　技术路线

第五节　研究创新点

本书首先从理论视角来看待企业的研发活动，并将探索式研发与利用式研发的转换操作化为组织研发投入跳跃，进而观察研发投入跳跃对组织绩效的影响；其次，分析并检验了我国特殊的制度背景——市场化进程对研发投入跳跃与组织绩效关系的调节效应；最后，采用高阶理论的视角探讨了高管团队特征对研发投入跳跃的影响。本书主要创新点如下：

创新点1：发现了研发投入跳跃对组织绩效的倒U形影响。以往研究认为研发投入跳跃对组织绩效的影响是线性正向的，本书采用间断式平衡的收益和风险分析框架，发现了研发投入跳跃与组织绩效之间的新关系，提供了新的实证证据和理论视角。此外，本书还分析并检验了组织吸收能力与行业技术动态性对研发投入跳跃与组织绩效关系的调节效应，发现组织吸收能力有助于探索与利用的顺利转换，能够降低转换的风险；并且当组织所在的行业技术动态性较高时，研发类型转换的收益更大。该研究为组织如何提高研发收益并降低研发风险提供了新思路和新方向。

创新点2：分析并检验了市场化进程对研发投入跳跃与组织绩效关系的调节效应，推进了研发投入跳跃与组织绩效关系的情境化研究。首先，目前对二者关系的研究要么在西方市场经济制度背景下进行，要么对西方提出的理论采用中国数据进行验证，均没有深刻考虑我国转型经济制度背景的复杂性与特殊性。其次，现有对组织研发投入跳跃的相关研究或者基于CEO个体层面、或者基于高管团队层面、或者基于组织层面、或者基于行业环境层面，均没有考虑宏观经济制度环境的影响，本书将我国市场化进程纳入研发投入跳跃对组织绩效的影响框架中，研究发现研发投入跳跃对组织绩效的影响受市场化进程的调节效应控制，找到了研发投入跳跃与组织绩效影响的新边界。最后，本书不但检验了总体市场化进程的调节效应，而且检验了五个细分的市场化方面指数的调节效应，更具有针对性和系统性，对我国市场化改革和政府对企业研发投入的引导方式具有政策启示意义。

创新点3：系统地检验了高管团队特征对组织研发投入跳跃的影响，丰富并深化了研发投入跳跃的前因研究。首先，本书系统检验了高管团队异质性、规模、平均学历、平均任期及产出导向职能背景的比例对组织研发投入跳跃的跳跃方向、跳跃时间和跳跃幅度的影响。其次，现有高管团队特征对组织研发投入决策的影响主要分为两大类：第一类主要关注高管团队特征对研发投入水平或者强度的影响（Barker and Mueller，2002），很少检验对研发投入变化的影响；第二类主要基于代理理论关注高管更替对研发投入变化的影响，关注的时间一般比较短，集中在离任或者继任的前后。本书跨越了两类研究的界限，关注更长周期的研发投入的变化，以及高管团队特征对研发投入极端变化情况的影响。

第二章 理论基础与文献综述

第一节 理论基础

本章将探索与利用理论应用在组织研发情境中，提出了探索式研发和利用式研发的概念，进而从探索与利用的关系着手考虑探索式研发和利用式研发的转换与研发投入跳跃的关系。为了更深入地理解探索式研发与利用式研发及其二者的关系，有必要对探索与利用理论作一个系统回顾，以找到本书的理论依据和根本。通过探索与利用理论的回顾发现，学术共同体对于兼顾探索与利用对组织发展的重要性已经形成了共识，但是对于如何实现探索与利用的平衡存在不同的观点。兼顾探索与利用也称组织双元性，通过时间的转换或者空间的分离均能帮助组织缓解探索与利用的内在冲突，兼顾探索与利用活动，前者简称时间双元或者间断式平衡，后者简称空间双元或者结构双元。此外，本书还从高阶理论视角出发研究了高管团队特征对跳跃方向、时间和幅度的影响，因此也对高阶理论以及组织双元性的相关研究进行了回顾和梳理。在理论回顾的基础上，本书也围绕着主要研究问题——研发投入跳跃的前因、后果和调节对相关研究进行了梳理，进而把握现有研究的进展与不足，为本书的实证研究奠定基础。

一、探索与利用理论

在快速变化又不具有可预测性的环境中，组织竞争优势的获取和保持，乃至组织的生存都必须处理好组织的连续性和组织变革（Tushman and Anderson，1986；Brown and Eisenhardt，1997）、渐进式创新和突破式创新（Tushman and O'Reilly，1996）、效率和柔性（Adler et al.，1999）、搜索的广度和深度（Katila and Ahuja，2002）、本地搜索和远程搜索（Rosenkopf and Nerkar，2001）、单环学习和双环学习（Argyris，1978）等相互矛盾的关系，归根结底就是平衡管理利用（exploit）旧的确定性与探索（explore）新的可能性（March，1991；Crossan et al.，1999；Holmqvist，2004）。自从 March（1991）提出探索与利用概念以来，这对张力与矛盾统一体（Smith and Lewis，2011）就不断出现在组织与管理研究的文献中。在 March 的经典定义中，探索包括搜索、变异、冒险、尝试、实验、柔性、发现、创新等性质的活动，而利用包括改进、精选、生产力、效率、选择、应用、执行等性质的活动。探索的本质在于尝试新的可能性；而利用的本质在于对现有的能力、技术或者范式进行改进和拓展。在此基础上，学者们往往根据不同的研究情境（Tsui，2006；Whetten，2009）对探索和利用概念进行一定程度的应用和完善，如 He 和 Wong（2004）将探索式创新定义为旨在进入新的产品—市场范围，利用式创新定义为旨在加强现有的产品—市场范围。Holquivst（2004）将利用式学习定义为组织通过专注和改进生产过程来增加经验的稳定性过程，将探索式学习定义为组织通过实验、小范围测试和自由联系来增加经验的多样性过程。Rothaermel 和 Deeds（2004）认为探索式联盟侧重于研发中的研究，而利用式联盟侧重于研发中的开发。Lavie 和 Rosenkopf（2006）根据联盟的功能、结构和属性来定义探索式联盟和利用式联盟。随着学术共同体的认可与推动，探索与利用框架逐渐趋向合法化，其探索与利用的程度与范围日益广泛（见图 2-1）。

随着中国管理研究国际化水平的提高，以及中国管理学术制度逐渐与世界接轨（Barney and Zhang，2009），探索与利用这对矛盾统一体也逐渐被中国本土管理学者所重视，相关研究与议题日益增多，目前这一理论框架已被广泛应用于组织学习和技术创新（赵丰义和唐晓华，2013；王凤彬等，2012）、战略联盟（赵

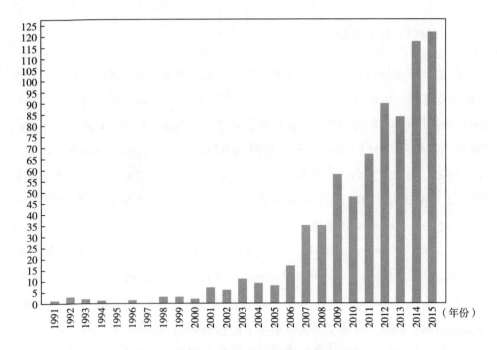

图2-1 探索与利用每年出版的文献频数分布

资料来源：WOS 数据库，只选择 Exploration 和 Exploitation 同时作为主题词，文献类型选择 article 和 review，Web of Science 类别为 Management 和 Business。

良杰和宋波，2015)、知识搜寻（张晓棠和安立仁，2015)、营销管理（许守任，2014）等领域。国内对这对概念的翻译不尽相同，如探索与开发（杨雪、顾新和王元地，2015)、探索与利用（焦豪，2011)、探索与挖掘（朱朝晖等，2009；朱朝晖和陈劲，2008）等。也有部分学者遵循西方的辩证逻辑（Smith and Lewis，2011；Lewis，2000)，强调二者相互冲突但又彼此相连的矛盾关系，将之称为双元创新（焦豪，2011；张晓芬等，2015)、双元能力（郑晓明等，2012)、战略双元（王益民等，2015)、两栖性（王凤彬和杨阳，2013）等。由此可见，探索与利用已经在中西方管理学科学术共同体内获得了广泛的关注，甚至已有学者视其为经典的管理理论（Lewin and Carroll，1999)。

鉴于反思与反省是理论发展的必要前提（Suddaby，2014)，已经有不少学者对探索与利用框架进行一定程度的回顾与总结，如 Gupta 等（2006）围绕着四个关键问题——含义、互斥还是正交关系、间断平衡还是双元平衡、同时追求抑或专业化——进行了有益的总结；Lavie 等（2010）建立一个理论框架来梳理组织内部和外部的探索与利用活动的理论含义、测量方法、前因变量和后果变量；Raisch 等（2009）围绕着探索与利用的平衡机制，即组织双元性（ambidexterity）进行了系统梳理；朱朝晖和陈劲（2008）、李剑力（2009）、李桦等（2011）也做出了有益的尝试。

已有文献或基于某一具体研究领域，或基于某一学科视角，或从局部窥探，或从总体对探索与利用框架的研究现状进行总结，都有效推进了探索与利用框架的发展，但是主要还存在以下不足：首先，时间窗口单一，学者主要关注近期的研究进展和前沿，缺乏对探索与利用框架的更长时间跨度的分析与跟踪；其次，主观性较强，多为学者的自我认识与评价，缺乏基于比较客观研究方法的科学讨论；再次，现有学者——无论是中国还是西方——的总结多是针对西方有影响力的核心学者的贡献，而相对忽视了创新边缘与外围学者（Usdiken，2014）的重要知识贡献；最后，现有文献大多是基于静态的视角，很少有学者基于动态与历史演变的视角进行梳理，导致学者对探索与利用理论框架的发展脉络与成长过程缺乏动态与系统的理解。

鉴于此，本章主要借助文献计量分析软件（CiteSpace），采用动态的、系统性的、历史的视角尝试对探索与利用的知识结构与演变过程进行深入的分析与系统的研究，既为学者掌握其动态的知识结构与研究成果提供指导与借鉴，也为中国本土管理学者进行东西方的管理学术对话（Barkema et al. ，2015）奠定现实基础，同时也为探索与利用的未来发展提供脉络思考。

（一）研究设计

1. 研究方法

近年来，文献计量（bibliometrics）已被广泛应用于管理学相关学科知识结构及演进研究中，国际顶级期刊如 *Strategic Management Journal*（SMJ）、*Organization Science*（OS）等已将之视为一种比较客观的科学研究方法。在西方顶级的管理学期刊中，Ramos-Rodriguez 和 Ruiz-Navarro（2004）以 1980~2000 年 SMJ 上的文章作为分析样本，采用文献计量中的引文共被引分析（document cocitation analysis）解读了战略管理研究的知识结构及其演变路径；作为必要的补充，Nerur 等（2008）综合运用多维尺度分析、因子分析、路径分析等多元化的研究方法，采用作者共被引分析（author document analysis）探讨了战略管理的知识基础及其演进。类似地，Shafique（2013）也采用文献计量法综合解读了创新研究的知识基础及其演进路线。更为具体地，Volberda 等（2010）将文献计量法应用到吸收能力理论的知识结构及演进研究中，借助引文分析和共词分析建立了吸收能力的整合研究框架。

CiteSpace 由陈超美博士于 2004 年 9 月开发，之后经过不断升级和更新，已经成为科学计量学普遍采用的新工具（陈悦等，2014）。据统计，截至 2013 年底已有千余篇中文学术论文采用 CiteSpace 或者科学知识图谱（陈悦等，2015）。本章使用的 CiteSpace 版本为 3.9. R3. 64-bit. public. 12. 12. 2014，主要采用引文和共被引分析对探索与利用概念的知识基础及演进规律进行系统的总结。引文，即参考文献，代表了一篇文章的重要知识基础和依据。因此，对某一领域的引文进行分析就代表了对该领域的知识基础进行分析。共被引分析旨在追踪引文之间的内容相似程度，如果一对引文经常被某领域的前沿研究放在一起引用，就代表二者的相似程度高，可归为同一类（陈悦等，2014）。

2. 样本来源

本章在 ISI Web of Science 核心合集数据库上同时将"explor＊"和"exploit＊"作为搜索主题词，设定时间跨度为 1991～2015 年，涵盖 SCI-Expanded、SSCI、A&HCI，选择范围为管理类（MANAGEMENT），借鉴 Vogel（2012）的做法，设定文献类型仅包括期刊论文、会议论文和综述，通过这些条件筛选，共检索到 1348 篇文献①作为本章进一步分析的数据来源。

3. 区间划分

从 1991 年 March 首次提出探索与利用概念开始到 2015 年末，为了更为细致地分析其知识基础演变的过程，本章将时间跨度划分为 5 个阶段，以每 5 年作为一个周期或时间模块（time slice），将每一个时间模块中的引文按照被引频次从高到低排序后，保留最高的 1% 作为节点，超过的仅选择前 100 篇。表 2-1 列出了每个时间模块的施引文献总数和前 1% 高被引文献数。

---

① 本章之所以没有按照期刊的影响因子或者影响力进行筛选，就是为了避免 Usdiken（2014）所提出的，只关注主流期刊而忽略边缘或者外围学者的贡献。

表 2-1　时间模块划分及描述性统计　　　　　　单位：篇

时间窗口	施引文献总数	前 1% 高被引文献数
1991~1995 年	20	7
1996~2000 年	51	17
2001~2005 年	99	41
2006~2010 年	444	100
2011~2015 年	734	100
合计	1348	265（154）

资料来源：借助 CiteSpace 统计而得。

（二）探索与利用的知识结构

本章首先采用 CiteSpace 自动聚类功能，基于施引文献的关键词自动生成类别标签，分别采用 TFIDF 和 LLR 两种算法进行提取，然后结合对各个知识模块的关键节点——即被引文献——的了解与把握进行人工命名，以提高研究结论的科学性与客观性，得出聚类结果及相关类别名称如图 2-2 与表 2-2 所示。总体上（top 1%，maximum＝100）样本结果可聚为六类，分别用"0，1，2，3，4，5"来表示，从图 2-2 与表 2-2 可以看出，各个知识模块内部均具有一定的内聚性[①]。从节点与节点之间的连线可以看出各知识模块内部具有一定的独立性，而知识模块之间也具有紧密的联系。

1. 组织双元性

ID 编码为"0"的这一类研究主要围绕探索和利用的平衡机制，即组织双元性。最早提出双元性（ambidexterity）概念的是 Duncan（1976），强调一种支持创新的组织结构设计；Tushman 和 O'Reilly（1996）认为双元性是组织同时发动渐进式和突破式变革的能力；Adler 等（1999）认为双元性是组织同时追求较高的组织效率和适应性的能力；Gibson 和 Birkinshaw（2004）将双元性定义为同时实现一致性和适应性的能力；Jansen 等（2009）将组织双元性视为一种动态能力；O'Reilly 和 Tushman（2004）认为双元型组织既探索又利用，既满足现有

① 一般来讲，模块值（Q 值）大于 0.3 就意味着划分出来的社团结构是显著的；当平均轮廓值（S 值）等于 0.7 时，聚类是高效率令人信服的，若在 0.5 以上，聚类一般认为是合理的（陈悦等，2014）。图 2-2 的 Q 值＝0.4931，S 值＝0.5196，均在可接受范围内。

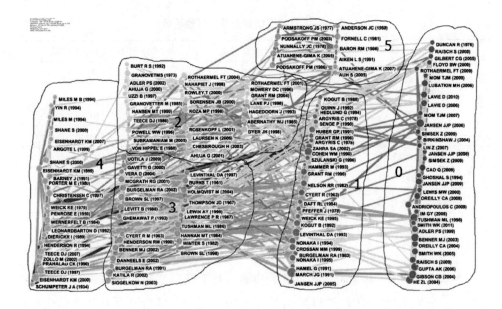

图 2-2　1991~2015 年 top1%引文聚类

表 2-2　聚类与命名

类别 ID	类别规模	Silhouette 值	平均时间	类别标签（TFIDF）	类别标签（LLR）	人工命名标签
0	33	0.707	2004	building ambidexterity; hr practices; micro-moments; public-sector; high-involvement	ambidexterity; organizational; innovation	组织双元性
1	28	0.668	1989	fitness; knowledge flows; create; investment strategies; economic-geography	knowledge; strategic; strategy	组织学习与知识管理
2	27	0.7	1996	multimedia; density; choice innovation networks; international business strategy; resource augmentation	biotechnology; alliances; strength	关系
3	25	0.605	1991	bounded rationality; organizational search; fitness; technological opportunity; coordinated exploration	exploration; exploitation; management	组织变革与适应性
4	24	0.593	1990	pmo; knowledge strategy; case studies; multinationals; resource service composition	capabilities; creation; firm	资源基础观

续表

类别 ID	类别 规模	Silhouette 值	平均 时间	类别标签 （TFIDF）	类别标签 （LLR）	人工命名 标签
5	12	0.922	1991	innovation project；opportunity capture；team performance；agility；management control systems	performance；learning；innovation；	定量研究方法

顾客又探索新顾客，既能实现渐进式创新又能实现突破式创新。由此可见，双元性是一种管理矛盾的能力，与中国传统文化和哲学中的"中庸""阴阳"辩证思想比较相似，强调把彼此对立的事物整合在一起，在保留二者长处的同时规避二者的短处。基于这样的解释逻辑，双元性概念目前已被广泛应用在组织研究的诸多层次和多元情境中，如组织间战略联盟（Lavie and Rosenkopf，2006）、组织知识获取（Rothaermel and Alexandre，2009）、组织间的知识共享以及关系绩效（Im and Rai，2008）、技术创新（Benner and Tushman，2003；Jansen et al.，2006）、战略倾向（He and Wong，2004；Cao et al.，2009）、高管团队认知和行为（Smith and Tushman，2005；Lubatkin et al.，2006；Jansen et al.，2009）以及个人层次的行为倾向（Mom et al.，2007，2009）。

关于组织双元性的前因变量与实现机制，学者们做了大量的有益探索。Gibson 和 Birkinshaw（2004）引入了结构双元和情境双元的概念，前者通过结构的分离，后者通过一系列流程或者系统来支持员工在探索与利用之间合理分配精力和时间。然而无论是结构的分离还是支持性情境（Ghoshal and Bartlett，1994；Birkinshaw and Gibson，2004）的塑造，都不能忽略高管团队在实现组织双元性路上发挥的重要作用（O'Reilly and Tushman，2004；Smith and Tushman，2005）。Smith 和 Tushman（2005）建立了一个高管团队如何克服组织惯性、实施双元创新、管理战略冲突的研究框架。作者指出，管理冲突的根本在于矛盾性认知，包括认知框架和认知过程，首先接受并拥抱而非拒绝或者回避冲突，在此基础上才能采取行动去解决冲突。Floyd（2000）也建立了一个理论框架，解释各层管理者在战略变革过程中的角色冲突，何时出现冲突以及如何解决冲突。Lubatkin（2006）以 759 家中小企业为研究样本，检验了高管团队的行为整合性对组织双元性倾向和组织绩效的影响。Simsek 等（2005）对行为整合性的前因变量，从CEO、团队和组织多个层面进行了全面的分析。Beckman（2006）又将探索与利用的前因变量拓展到了团队创始人的前工作经历上。Andriopoulos 和 Lewis（2009）构建了一个多层次嵌套模型从组织战略意图、市场导向、人员驱动等方面剖析探索与利用的冲突以及如何平衡以实现双元性。

在组织双元性聚类中，综述性的知识基础文献也不断涌现（Gupta et al.，2006；Lavie et al.，2010；Raisch et al.，2009；Simsek et al.，2009；Simsek，2009）。这些综述主要围绕着学者最关心，也是研究中最具争议的问题展开，如双元性管理中，分离和整合策略是相互替代的还是互补的；双元性是动态的还是静态的；双元性发生在个人层次还是组织层次；双元性能否在组织内部实现；等等。这些回顾和总结表明学术共同体已经对这一聚类进行了大量的探讨，同时也表明这类知识基础对探索与利用框架的奠基作用。

2. 组织学习与知识管理

ID 编码为"1"的这一聚类主要围绕组织学习和知识管理展开，早期主要从组织学习领域来定义探索与利用，以及阐释二者为何既相互冲突又相互联系，为何对组织的适应性乃至组织生存至关重要。在该聚类文献中，March（1991）认为，相对于利用来讲，探索的回报更具不确定性，回报周期更长，并且常常超出组织当前关注的焦点。利用活动确定的、快速的、明确的结果反馈，以及组织内部和组织间的学习和模仿使组织更倾向于利用而非探索。但是长期来看，仅仅强调利用是远远不够的，组织的长期适应性需要具备扩大或者发现新的利基市场的能力，需要不停地实验或者自我变革，需要学习多样化的组织设计并保持弹性，需要勇于接受不熟悉的事物或者环境（Huber，1991）。需要注意的是，经常变革也可能导致组织因不能够深刻解读当下环境而随机漂移（Levitt and March，1988）。更进一步地，Levinthal（1993）阐述了组织学习的近视症问题，即由于因果关系的模糊性和动态性，组织往往通过简化和专业化机制从经验中学习，导致组织往往倾向于关注短期而忽略长期、关注部分而忽略总体、关注成功而忽略失败，组织慢慢变得短视而刚性。尽管组织学习有自我局限性，但它依然是组织不断积累知识、获取竞争优势的重要途径。Crossan 等（1999）将组织学习视为战略更新的主要方式，战略更新的关键在于识别和管理探索与利用之间的冲突，因此组织学习的焦点应该落在探索和利用这对矛盾的管理上。

同时，在此聚类中也有学者关注组织间的知识转移问题（Burgelman，1983；Kogut，1988；Hamel，1991；Kogut and Zander，1992），强调影响知识转移的一个关键因素是接收方的吸收能力（Cohen and Levinthal，1990），即组织对新的、外部信息的识别、消化和利用能力。Zahra 和 George（2002）从动态能力视角提出了潜在吸收能力和现实吸收能力概念，分别对应组织的探索与利用能力。此外，Szulanski（1996）则以组织内最佳实践的转移为例，指出影响知识转移的因素还与组织自身情境相关，如接收方和发送方的关系。

知识基础观（Grant，1996）也是此聚类的重要理论基础，其基本假定为组织是一个整合知识的机构，其首要目标是应用而非创造知识，而且知识往往嵌入在组织成员身上，因此组织能力取决于如何整合组织中拥有专业化知识的人。组织领域的学者围绕着组织是什么、组织的竞争优势是什么、什么是知识、组织和知识的关系是什么等一系列问题进行了大量的探讨，如 Cyert 和 March（1963）将组织视为在有限理性条件下使用标准规则和程序运作的多个相互冲突的利益个体的联合；Daft（1984）将组织视为一个解释系统；Kogut 和 Zander（1992）强调了组织社会资本对组织知识积累的重要性；Nonaka（1994）将组织视为一个有机结构场，在此发生辩证的对话和实践；Pfeffer 和 Salancik（1978）将组织看作利益的联合体，其成员提供组织赖以生存的资源，同时也向组织索取，成员的需求往往是竞争性的，甚至是冲突的，成员在组织中的影响力和控制力往往根据他们所提供资源的关键性程度进行磋商和分配。

3. 关系

ID 编码为"2"的这一聚类主要围绕关系（ties）对技术和产品创新、竞争优势、适应性以及绩效的影响来展开。关系既包括组织内部员工之间的联系（Nahapiet and Ghoshal，1998），组织与组织双边的联盟与合作关系（Mowery et al.，1996；Dyer and Singh，1998；Rothaermel，2001；Rothaermel and Deeds，2004；Subramaniam and Youndt，2005），还包括多边的社会网络关系如网络和嵌入（Uzzi，1997；Dyer and Singh，1998；Ahuja，2000；Rowley et al.，2000）等。由于企业面临的外部技术和市场环境的变化日益加速，在单个组织或者组织单元内部同时实现探索与利用的平衡面临诸多困难，于是企业与企业之间开始寻求合作，在更高的网络层面平衡探索与利用（Powell et al.，1996）。Rosenkopf（2001）指出，克服组织本地搜索的弊端需要不断超越组织和技术的边界去探索。在位大企业克服组织惯性发动突破式创新的必要条件就是克服组织熟悉陷阱、成熟陷阱、近亲陷阱去探索全新的技术（Ahuja and Lampert，2001）。Von Hippel（1988）在其《创新的来源》一书中指出，技术创新的来源不局限于制造商，还包括价值链上的合作伙伴如供应商和用户，作者称之为领先用户，甚至有学者断言开放式创新已成为创新的新范式（Chesbrough，2003）。遵循开放式创新的逻辑，Laursen（2006）以英国制造业为样本，实证研究发现组织搜寻的广度和深度与创新绩效之间存在倒 U 形关系。

组织层面的社会资本以 Nahapiet（1998）和 Hansen（1999）为代表。Nahapiet 从知识基础观出发，阐述了组织社会资本和智力资本的相互作用及其对组织优势的影响，这里作者将组织优势定义为组织创造和分享知识的一种特殊能力。Hansen 通过实证研究发现，组织单元之间的弱关系有助于团队在其他组织单元搜寻有用的知识，但是却不利于复杂知识的转化。

组织与组织双边的如战略联盟与合作关系以 Dyer（1998）、Rothaermel（2001，2004）为代表。Dyer 认为除波特的结构观和巴尼的资源观外，还有第三种获得竞争优势的方式——关系租，但是战略联盟关系能否为组织带来关系租取决于对关系专用性资产的投资、大量的知识交换、互补的资源或者能力的结合以及能够降低交易成本的有效的联盟治理机制四个方面；Rothaermel（2001）指出，在位企业往往通过与掌握新技术的新进入者合作来获取互补资源，从而获得竞争优势；Rothaermel（2004）进一步指出，探索式联盟有助于新产品的开发，而利用式联盟有助于新产品市场化；Teece（1986）指出组织间的合作虽然有利于组织通过组织学习和知识的转移从伙伴那里获取或者接触所需要的知识和能力，然而也面临着被模仿的困境，因为促进组织学习或者技术转移的因素同样会促进竞争者的模仿。

相对而言，网络层面的研究比较成熟。Granovetter（1973）在 1973 年就明确提出网络分析作为一个重要工具能够分析诸如技术扩散、社会运动、组织政治行为等。在社会网络中一些关键概念如强关系、弱关系、嵌入、结构洞、网络密度等已经被广泛应用在组织研究领域。强关系能够使成员之间更加信任，有助于高质量的信息和隐性知识交换，同时能够通过社会控制机制监督伙伴的行为；而弱关系则有利于组织接触到更多的新信息。因此在需要高度利用的情况下，强关系越多越好；在需要高度探索的情境下，弱关系越多越好，强关系反而不利（Rowley et al.，2000）。直接关系既能资源共享，又能获得知识扩散的好处；而间接关系不能获得正式的共享资源，仅可以获得知识；结构洞虽然增加了信息的多样性，但是也降低了不正当行为曝光的可能性（Ahuja，2000）。嵌入能够促进时间经济、达成一致协议、改进帕累托效率和提高适应性，但是存在一个阈值，超过这个阈值就会使企业很难获得网络之外的信息，从而降低适应性（Uzzi，1997）。

总之，网络或者成对的组织已成为一个越来越重要的分析单元。战略联盟及合作已经成为探索式创新和利用式创新及其平衡管理的重点。

4. 组织变革及适应性

ID编码为"3"的这一聚类主要围绕组织与环境的关系展开。相关概念如组织惯性、组织适应性、技术的渐进式变革和激进式变革、组织的连续性创新与间断式平衡、环境的动态性和复杂性、演绎式战略与自主式战略、组织刚性和混乱、控制和自由的平衡、种群层次的和组织内部的变异、筛选和保留过程、机械式组织结构和有机式组织结构设计等，均已成为探索与利用研究的重要理论和概念基础。

关于组织变革有三类观点：第一类以人口生态理论为代表，认为大部分组织结构的变化都来自新生组织或者组织形式对旧组织的替代（Hannan and Freeman，1977）。第二类以理性适应为代表，认为单个组织的变革是为了应对环境的威胁和机遇。其中，权变理论强调组织变革是为了实现组织结构与技术环境的匹配（Lawrence and Lorsch，1967；Thompson，1967）；资源依赖理论认为组织结构的变革是为了集中组织所需资源，从而应对环境不确定性（Pfeffer and Salancik，1978）；制度理论认为组织结构的变革是为了获得合法性（Meyer and Rowan，1977）。第三类认为组织变革是一个内生的过程（Hannan and Freeman，1984），即组织因素如年龄、规模、可靠性等影响组织变革与适应性。Burgelman（1991）沿着组织内部生态理论的观点研究了战略制定方式（演绎的与自主的）与组织惯性的关系及如何解决组织结构的刚性和战略重新定位之间的矛盾。Burgelman（2002）采用案例研究，研究了单向的演绎式战略制定如何导致组织共同演化锁定。Siggelkow（2003）研究了组织环境的动态性和复杂性是如何影响组织设计的，早期学者认为应该根据任务的相互依赖性（Thompson，1967）和外部环境变化的特点（Burns and Stalker，1961；Lawrence and Lorsch，1967）进行组织设计。动态的环境要求组织能够快速反应，而复杂的环境要求组织能够更广泛地搜寻知识，那么在动态性和复杂性的环境中，企业该如何平衡速度和搜寻广度呢？Siggelkow 通过计算机模拟从集权与分权、控制决策流程、执行公司层面的否决权等方面给出了解答。Levinthal（1997）采用适应性地形分析法形象地比喻组织层次的适应性和人口学层次的选择之间的关系。Lewin 和 Volberda（1999）总结了组织与环境的共同演化关系，指出组织生态理论关注组织种群的选择、变异和保持，而战略管理关注组织层面的适应性，而演化理论则是连接微观与宏观、进行跨层次分析的桥梁。

组织学习是演化理论的重要基础（何铮等，2006）。Levitt 和 March（1988）认为组织学习就是将历史经验和数据进行编码和提取，并将其转化为组织规范来指导组织行为的过程。Holqvist（2004）建立了一个组织学习的理论框架，连接了组织内与组织间的探索式学习与利用式学习，并探讨了它们之间的动态关系及机制：从利用到探索是开放的过程，从探索到利用是聚焦的过程，其背后的驱动力来自对探索或者利用行为的不满意；从组织内学习到组织间学习是延展过程，从组织外学习到组织内学习是内部化过程，其动力机制为在不同层次探索与利用之间的经验转化。同时，Benner（2002）基于组织演化和组织学习理论，探讨过程管理对技术创新的影响。Katila（2002）认为组织搜寻能够促进新产品开发，进而促进企业的多元化和组织变革，提高企业的适应性，因此将企业新产品开发作为组织搜寻的一个函数，即组织搜寻的深度（代表对现有知识的利用与再利用）和宽度（对新知识的探索）及其交互作用决定了组织开发新产品的能力。

5. 资源基础观

ID 编码为"4"的这一聚类主要围绕资源基础观探讨了核心能力和竞争优势的来源问题。探索与利用的矛盾取决于资源的稀缺性（March，1991），这里的资源既包括传统的有形资源，还包括管理者的注意力资源，以及组织内部长期积累形成的流程、规范、惯例甚至价值观等。由于资源基础观丰富的内涵很难通过有限的变量或者二手数据来测量，不得不借助理论分析和定性研究方法，因此定性研究的经典文章（Yin，1994；Miles and Huberman，1994；Eisenhardt，1989）也成为该聚类的高被引文献。

资源基础观挑战了长期作为组织竞争优势来源的 SCP 范式（Porter，1980）。在资源基础观的早期贡献者中，Penrose（1959）通过企业内部视角来分析企业成长能力，发现企业所控制的生产性资源束具有显著差异；而 Dierickx（1989）认为资产定位决定了资产的可替代性，那些受制于时间压缩非经济性、原因不明、资产存量具有相互关联性等特征的资源称为关键资源，这些关键资源只能由企业慢慢积累而很难在战略要素市场购买；Wernerfelt（1984）认识到企业所拥有资源及资源组合，对企业在产品市场战略中获得竞争优势的重要作用。在这些研究基础上，Barney（1991）提出了著名的资源基础观的 VRIO 研究框架，即作为竞争优势来源的资源是有价值的、稀缺的、不能完全模仿的、不可替代的。

与竞争优势的资源观相对应，Prahalad 和 Hamel（1990）认为核心能力，即组织中的集体学习能力、协调各种各样的生产技术并将其整合起来的能力、价值链管理的能力、组件能力和架构能力（Henderson and Cockburn，1994）是竞争优势的根源。Leonard-Barton（1992）从知识基础观出发，将组织的核心能力定义为能够为组织带来独特的竞争优势的知识集，包括负载在员工身上的知识和技能、经过长期积累嵌入在组织技术系统和管理系统的知识以及连接个人技能和系统知识的规范和价值观。这些元素既是核心能力的来源同时也是核心刚性的来源，因此组织需要在创新和保持原有的地位序列之间保持平衡。

Teece 等（1997）在吸收了 Schumpeter（1934）和 Penrose（1959）等研究成果的基础上，提出了动态能力的概念。动态能力是指企业通过整合、构建和重置内外部技能以适应快速多变的外部环境的能力。在不同的市场环境中，动态能力的内容也是不同的，如在高度动态的环境中，动态能力由简单的、不确定的、具有实验性的、相对独立的过程组成，而在中低度动态的环境中，动态能力则是由具体的、分析性的、具有预测性的以及稳定的过程组成，动态能力的微观基础决定了组织层次的识别和把握机会以获得持久竞争优势的能力（Teece，2007）。此外，组织的学习机制引领着动态能力的演化方向（Eisenhardt and Martin，2000），Zollo（2002）将动态能力定义为一种习得性的、相对稳定的集体活动模式，通过这种模式组织能够系统地创造和改进运营规范以提高组织有效性，并且组织学习行为取决于经验知识的积累、知识阐述和知识编码的交互过程，这种能力建立机制的有效性取决于特定任务的特性。

6. 定量研究方法

ID 编码为"5"的这一聚类主要关注研究方法。因为研究方法的规范性和严谨性是一个理论走向成熟的重要标志（Edmondson and Mcmanus，2007），所以学术共同体对探索与利用的研究，不可避免地会关注研究方法的利用与探索。在此聚类成员中，Podsakoff（2003）综合介绍了共同方法偏差在行为科学研究中的成因、影响及如何避免和弥补；Podsakoff（1986）回顾了组织研究中的自我报告存在的问题；Armstrong（1977）介绍了邮寄调查中无回答偏差的估计问题；Fornell 和 Larcker（1981）介绍了在结构方程模型中如何应用统计方法降低潜变量的测量误差的不良影响，Anderson（1988）介绍了结构方程模型的应用；Nunnally（1978）阐释了心理测量学；Aiken（1991）关注多元回归分析。这些知识基础既包括期刊文献，也涉及经典著作。

从 CiteSpace 的聚类网络中节点的位置来看，Atuahene-Gima（2007）和 Auh（2005）均处在结构洞的位置，担任桥的角色。Atuahene-Gima（2005）采用上门面对面的问卷调查法收集数据，检验了市场导向和竞争对手导向战略对企业的探索能力和利用能力的影响以及两种能力对创新绩效的影响；时隔两年，作者又采用线上访谈的问卷调查方式收集数据，检验了不同类型的社会资本对高管团队的探索式学习和利用式学习的影响，以及两种学习方式对新产品开发的影响。Auh 采用邮寄的问卷调查形式收集了 260 份有效问卷，检验了探索式学习和利用式学习对组织绩效的影响，并分别讨论了不同战略类型及竞争强度对二者关系的影响。

7. 探索与利用的知识基础小结

表 2-3 分别列出了中介中心性（Betweenness Centrality）和被引频次最高的前 10 位被引文献以及这些引文所在的知识聚类。中介中心性较高的这些论文在知识网络结构中占据着重要的位置，不仅连接着同一聚类的其他知识节点，还在一定程度上连接着不同的知识聚类。如本章聚类"4"中的成员，Leonardbarton（1992），因其探讨了新产品开发，属于组织变革与组织适应性范畴；又因其探讨

了核心能力和核心刚性的关系，属于矛盾管理和双元性范畴；另外，该文的能力观来自企业内部而非波特的定位观，将核心能力定义为一种独特的知识集，属于资源基础观的范畴。

表2-3　前10篇高中心性论文和高被引频次论文　　　单位：次

中心度	引文	聚类类别	被引频次	引文	聚类类别
0.15	Leonardbarton D，1992	4	666	March JG，1991	1
0.10	Adler PS，1999	0	347	Levinthal DA，1993	1
0.09	Hannan MT，1984	3	289	He ZL，2004	0
0.09	Nahapiet J，1998	2	275	Gupta AK，2006	0
0.08	Lane PJ，1998	2	272	Benner MJ，2003	0
0.08	Nonaka I，1994	1	245	Cohen WM，1990	1
0.08	Eisenhardt KM，1989	4	221	Gibson CB，2004	0
0.07	Tushman ML，1986	3	211	Tushman ML，1996	0
0.07	Levinthal DA，1993	1	190	Teece DJ，1997	4
0.07	Eisenhardt KM，2000	4	161	Jansen JJP，2006	0

因此，高中心性的论文占据着知识的结构洞位置，不同模块的知识由这些节点文章连接在一起，共同构成了探索与利用的知识基础。在被引频次最高的前10篇高被引论文中，除 Teece（1997）属于聚类"4"资源基础观外，其他9篇均属于聚类"0"和"1"，这说明双元性和组织学习是探索与利用框架最为重要的知识基础，这从表2-2类别规模中也可窥一斑。除聚类"5"研究方法外，其他五个聚类在关键问题、研究层次、理论视角、研究方法、数据来源、关键概念方面的联系与区别可参见表2-4。

表2-4　各类知识模块研究主题和特征

	#0 双元性	#1 组织学习与知识管理	#2 关系	#3 组织变革	#4 资源观
关键问题	探索与利用的平衡管理	探索与利用之间的张力及相互联系	探索与利用的前因及平衡管理	探索与利用的前因与后果	探索与利用的前因和后果

续表

	#0 双元性	#1 组织学习与知识管理	#2 关系	#3 组织变革	#4 资源观
研究层次	已由组织层次向上向下拓展至组织间、组织单元、高管团队、个人层次	组织内部、组织间层次	网络层面、组织与组织层面、内部员工之间	组织内部、组织与环境	组织内部
理论视角	矛盾管理、组织双元性	知识基础观、知识创造、资源依赖、吸收能力、双环学习、意义建构	社会网络、社会资本	演化理论、组织学习、权变理论	资源基础观、动态能力
研究方法	理论研究、案例研究、定量的实证研究	计算机模拟、理论研究、案例研究、定量的实证研究	理论研究、定量的实证研究	理论研究、数学模型、计算机模拟、案例研究、定量的实证研究	理论研究、案例研究
数据来源	访谈、问卷调查及少量的二手数据	访谈、问卷调查、二手数据	二手数据、问卷调查	访谈、问卷调查、二手数据	访谈、问卷调查
关键概念	分化和整合、矛盾、情境双元、结构双元、效率和柔性、一致性和适应性	探索与利用、吸收能力、战略联盟、双环学习	结构嵌入、关系嵌入、强关系、弱关系、松散耦合、紧密耦合、关系租	适应性、结构刚性、渐进式变革和激进式变革、连续性创新和间断式平衡、环境动态性	组织冗余、核心能力、竞争优势

注：根据 154 篇高被引文献整理而得。

（三）探索与利用的知识基础演进

根据 Edmondson 和 Mcmanus（2007）的观点，理论或者概念的发展需要经历三个连续变化的阶段，即初级阶段、中级阶段（过渡阶段）和成熟阶段。成熟理论是指经过学术共同体不断地、细致的研究，具有良好的理论结构和模型，形成一系列被人认同的观点体系和知识积累的理论；与此对应的初生理论只是对一些现象提出一些新的研究线索，对于特定的问题做出试探性的回答；而中间理论则介于初生理论和成熟理论中间，经常介绍和建立一些新的结构和关系。三个时期的研究特点如表 2-5 所示。正是因为理论的发展呈现阶段性的演变特征，本章认为 1991~2015 年间，学者对探索与利用框架的探索与利用，正是从初级阶段向成熟阶段演进的连续过程。本章认为，1991~2000 年为其初级阶段；2001~2010 年为其中级阶段；2011~2015 年为其成熟阶段。

表 2-5　理论发展的阶段性特点

	初级阶段	中级阶段	成熟阶段
研究问题	问题的开放式探索	新构念与现有建构之间的假定关系	与既有建构相关的具体问题或者假设
数据收集的类型	定性的、原始开放性数据	定性与定量兼有的混合型数据	定量数据
数据收集的方法	访谈、观察	访谈、观察、问卷调查	问卷调查
建构与测量	全新建构、极少正式测量	包含一个或者多个新建构，新测量	已有建构和测量
数据分析的目标	模型构建	初步或探索性地对新命题或新建构进行检验	规范的假设检验
数据分析的方法	证据编码，内容分析	内容分析，探索性统计分析与初步检验	统计推断，标准统计分析
理论贡献	启发性的理论，对开放主题的未来研究的邀请	将先前分散的研究整合在一起	增加现有理论独特性、新机制或者新研究边界

资料来源：根据 Edmondson 和 Mcmanus（2007）整理而得。

1. 探索与利用概念研究的初级阶段（1991~2000 年）

在 1991~1995 年探索与利用概念研究的起步时期，共有 7 篇高被引文献（见图 2-3）研究主题涉及组织学习（Weick，1979；Argyris and Sch N，1978）、技术创新（Schumpeter，1934）、核心能力（Prahalad and Hamel，1990）、快速反应能力（Bower and Hout，1988）、企业信息系统管理（Cash et al.，1988；Brancheau and Wetherbe，1987）。从纵向的时间跨度来看，其中前三个研究主题是探索与利用研究的中心话题，而后两个研究主题在下一阶段（1996~2000）逐渐消失。

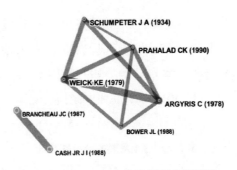

图 2-3 1991~1995 年高被引文献图谱

1996~2000 年（见图 2-4），新兴的管理理论和概念，如吸收能力（Cohen and Levinthal，1990）、知识基础观（Grant，1996）、动态知识创造（Nonaka，1994）等，均成为探索与利用研究的重要知识基础。这说明探索与利用概念具有较强的包容性，在探索自己的管理议题的同时，能够很快地吸收新兴管理理论。与此同时，学者也开始逐渐认可 March（1991）和 Levinthal（1993）的经典作品的学术地位；相对于上一个时间模块，组织学习的研究范畴也逐渐从组织内部拓展到了组织外部，如共同投资、战略联盟等（Kogut and Zander，1992；Hamel，1991；Kogut，1988）。一般来讲，对某一领域的了解越少，研究问题越具有开放性（Barley，1990）。在理论发展和演进的初级阶段，探索与利用概念的知识基础并不稳定，处在探索与创新阶段，即不断地寻找和吸收新概念、新联系、新情境等理论的新元素。学者对这些新概念、新联系等理论问题的探讨，主要围绕组织学习和知识管理展开，使得这些研究领域逐渐成为探索与利用研究的关键议题。

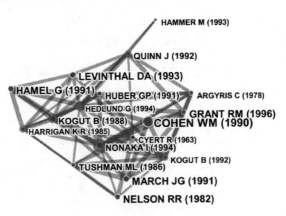

图 2-4 1996~2000 年高被引文献图谱

2. 探索与利用概念研究的中级阶段（2001~2010 年）

从文献计量分析的结果来看，2001~2010 年，一个比较显著的发现是 March
（1991）超越了 Cohen（1990）成为引用率最高的作品。如图 2-5 所示，2001~
2005 年，探索与利用研究的知识基础主要围绕着知识基础观（Grant，1996；
Nonaka and Takeuchi，1995；Nonaka，1994；Kogut and Zander，1992；Cohen and
Levinthal，1990；Nelson and Winter，1982）、资源基础观（Powell et al.，1996；
Barney，1991；Teece，1986；Henderson and Clark，1990）、动态能力（Eisen-
hardt and Martin，2000；Teece et al.，1997；Dierickx and Cool，1989；Eisenhardt，
1989；Wernerfelt，1984），以及组织学习和适应性（Levinthal，1997；Levinthal
and March，1993；March，1991；Levitt and March，1988；Hannan and Freeman，
1984）等议题展开。从引文涌现方面来看，Miles 和 Huberman（1994）和 Yin
（1994）分别从 2002 年和 2003 年开始突现一直持续到 2010 年，这意味着定性数
据分析和案例研究在这一时间区间里受到了格外的关注，一定程度上代表了案例
研究是这一时间区间的热门研究工具。根据理论研究阶段与方法契合的观点，这
一时期比较符合理论发展的中级阶段，往往是从散落于各类文献中的片段内容提
出新的建构或者假定的理论关系。

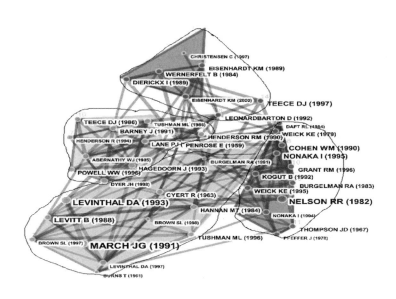

图 2-5　2001~2005 年高被引文献聚类图谱

从样本文献的分布来看（见图 2-1），从 2006 年开始，探索与利用的相关研究如雨后春笋般涌现，2006~2010 年的文献数量比 2001~2005 年增长了近 5 倍，这得益于学术共同体与管理学顶级期刊的努力推动。这个时期，一方面，学者依然在关注与探讨吸收能力、动态能力、知识基础观等与探索和利用相邻的概念之间的关系，关注点在寻找概念的合法性与外延上。另一方面，与探索与利用概念直接相关的作品也逐渐成为重要的知识基础（即高被引），由此可见学者已经开始对探索与利用概念进行优化利用和拓展，这再一次强化与奠定了探索与利用概念的合法化地位以及学术共同体对其范式一致性的孜孜追求。在这些较有影响力的文献中，在实证研究方面，如 He 和 Wong（2004）验证了双元性创新对绩效的影响；Gibson（2004）验证了组织情境对双元性和绩效的影响及双元性的中介效应；Holmqvist（2004）基于新产品开发过程的实证研究探讨了组织内与组织间探索与利用的动态学习机制；Jansen（2006）验证了组织集中性、正式性和连通性对探索式创新和利用式创新的影响及创新对财务绩效的中介作用；Lubatkin（2006）关注中小企业的高管团队行为整合性对组织双元性倾向的影响；Rothaermel（2004）研究了探索式战略联盟和利用式战略联盟之间的关系，以及两种战略联盟对新产品开发过程的影响；O'Reilly（2004）强调了高管团队与组织设计在构建双元型组织中的重要作用；而 Lavie（2006）验证了联盟内部的路径依赖性以及探索式联盟和利用式联盟在时间和空间上的平衡性。在理论研究方面，如 Gupta（2006）系统梳理了探索与利用的内涵、二者之间的关系及其平衡机制方面的争议和共识；Smith（2005）构建了一个管理矛盾的理论框架，即对矛盾的认知影响行为，行为影响高管团队绩效进而影响组织绩效；而 Raisch（2008）建立一个研究框架梳理了组织双元性研究的前因、后果及调节变量。

由以上分析可知，在探索与利用理论研究的知识基础中，学术共同体已经开始越来越重视实证研究方法的重要学术地位，这是一个理论从初级阶段向成熟阶段过渡的标志（Edmondson and Mcmanus，2007）。学者们围绕这对概念向纵深处发展，即围绕着探索与利用的前因、后果及中介变量进行研究，且研究成果越来越丰富。与此同时，一个重要的发现就是探索与利用的研究有漂移的迹象，无论是实证研究还是理论研究都逐渐向组织双元性靠拢。换言之，虽然学者最初强调探索与利用的对立与困境（dilemma）关系，但是发展至理论的中级阶段，开始更为辩证地看待二者的关系，认为二者或处于困境状态中，或处于辩证（dialectic）过程中，或处于动态的矛盾（paradox）关联中，而且似乎已有愈来愈多的学者开始强调后者，认为组织应该同时追求而非二择一。由引文涌现分析结果和高被引文献聚类图谱（见表2-6、图2-6）可知，组织双元性（Duncan，1976）与定量分析方法（Aiken and West，1991）成为该时期的研究热点，这进一步佐证了上述观点。总之，这一时期定性与定量研究并存，关键构念及其测量已初步形成共识。

表2-6 引文涌现

References	Year	Strength	Begin	End	1991~2015
WEICK KE，1979	1979	7.1673	1991	2006	
SCHUMPETER JA，1934	1934	7.086	1991	2009	
LEVITT B，1988	1988	6.3935	1991	2007	
ARGYRIS C，1978	1978	5.606	1991	2001	
THOMPSON JD，1967	1967	6.8842	1993	2006	
DIERICKX I，1989	1989	5.9065	1993	2005	
HANNAN MT，1984	1984	5.8601	1993	2006	
PFEFFER J，1978	1978	5.5762	1993	2007	
PRAHALAD CK，1990	1990	4.7142	1993	2002	
COHEN WM，1990	1990	4.5137	1993	2006	
NELSON RR，1982	1982	14.3681	1994	2007	
PENROSE E，1959	1959	5.9285	1994	2007	
WERNERFELT B，1984	1984	4.3643	1994	2003	
DAFT RL，1984	1984	3.8493	1994	2005	
TEECE DJ，1986	1986	9.4629	1995	2008	
TUSHMAN ML，1986	1986	5.8465	1995	2003	
QUINN J，1992	1992	4.2841	1995	2004	
PORTER ME，1980	1980	3.9086	1995	2008	
HAMEL G，1991	1991	6.2388	1996	2007	
HUBER GP，1991	1991	5.4952	1996	2007	
HAMMER M，1993	1993	4.4502	1996	2003	
NONAKA I，1994	1994	4.2227	1996	2004	

续表

References	Year	Strength	Begin	End	1991~2015
HENDERSON R，1994	1994	4.147	1996	2009	
GRANT RM，1996	1996	3.827	1996	2001	
KOGUT B，1988	1988	5.4116	1997	2007	
HARRIGAN KR，1985	1985	3.9014	1997	2003	
NONAKA I，1995	1995	6.4349	1998	2005	
LANE PJ，1998	1998	5.0659	1998	2005	
HAGEDOORN J，1993	1993	4.8906	1998	2005	
MOWERY DC，1996	1996	3.9464	1998	2006	
BROWN SL，1998	1998	4.6831	1999	2006	
HENDERSON RM，1990	1990	4.2768	2000	2004	
ABERNATHY WJ，1985	1985	3.9436	2000	2006	
BURGELMAN RA，1983	1983	5.5367	2001	2005	
WEICK KE，1995	1995	3.9893	2001	2005	
MILES M，1994	1994	5.5345	2002	2010	
YIN R，1994	1994	7.4505	2003	2010	
BURNS T，1961	1961	4.3596	2003	2008	
GHEMAWAT P，1993	1993	4.2506	2003	2009	
ROSENKOPF L，2001	2001	4.4092	2004	2007	
HANSEN MT，1999	1999	4.1746	2004	2008	
ROTHAERMEL FT，2001	2001	3.9719	2004	2011	
POWELL WW，1996	1996	3.5438	2004	2007	
NAHAPIET J，1998	1998	3.5911	2005	2007	
MCGRATH RG，2001	2001	4.1504	2006	2008	
GRANOVETMS，1973	1973	4.6892	2007	2008	
DUNCAN R，1976	1976	5.5947	2008	2010	
AIKEN LS，1991	1991	3.5018	2008	2011	
ROTHAERMEL FT，2004	2004	3.3709	2009	2009	
WINTER S，1982	1982	5.4227	2012	2015	
NUNNALLY JC，1978	1978	4.8762	2012	2015	
JANSEN JJP，2009	2009	3.3317	2012	2015	
SMITH WK，2011	2011	7.9051	2013	2015	
SIMSEK Z，2009	2009	7.5894	2013	2015	

续表

References	Year	Strength	Begin	End	1991~2015
AIKEN L S, 1991	1991	7.4684	2013	2015	———————————————
CAO Q, 2009	2009	7.3335	2013	2015	———————————————
ANDRIOPOULOS C, 2009	2009	4.8665	2013	2015	———————————————
MILES M B, 1994	1994	3.5939	2013	2015	———————————————
CYERT RM, 1963	1963	3.5425	2013	2015	———————————————
UOTILA J, 2009	2009	3.5383	2013	2015	———————————————

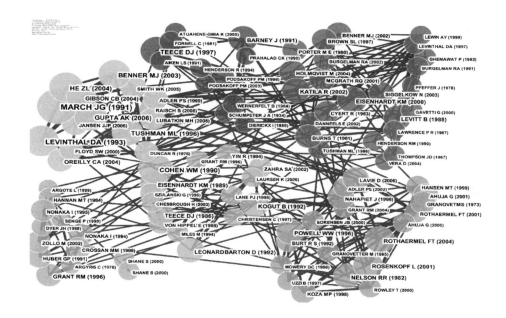

图 2-6 2006~2010 年高被引文献聚类图谱

3. 探索与利用研究的成熟阶段（2011~2015 年）

在 2011~2015 年的时间窗口内，有超过 1/3 的高被引文献的发表时间都集中在 2004~2009 年，并且其中又有一半以上延续了向组织双元性研究漂移的趋势。如 Raisch（2009）围绕着四对张力：静态还是动态、分化还是整合、关注个人还是组织、内部还是外部对组织双元性研究和专题论坛做了总结和展望；Cao（2009）打开了组织双元性的两个维度，即平衡性和结合性；Jansen（2009）指出结构的分离需要借助于高管团队和组织的整合才能真正实现双元性；Mom

（2009）验证了影响管理行为双元性的前因——正式的组织协调机制和个人协调机制的重要作用；Andriopoulos（2009）通过多案例研究，发掘创新的矛盾所在以及双元性组织是如何管理的，在此基础上构建了一个创新管理的三层矛盾嵌套模型；Rothaermel（2009）实证检验了技术来源的混合性与组织绩效的关系；Simsek（2009）在 2009 年作了两篇综述梳理双元性的研究进展和前沿；O'Reilly（2008）辨析了获取并保持组织竞争优势的两种模式，一个动态能力观，一个双元组织观，并将二者整合到一个框架中；Jansen（2008）旨在探究在双元性组织中，高管团队是如何平衡探索与利用目标之间的冲突及如何实现二者的平衡的。

与双元性的假设相对，也有些学者通过严谨的实证研究对双元性假设提出了质疑。Uotila（2009）认为探索与利用处于一个线段的两端，而非正交关系，组织只能进行取舍，最优的平衡点取决于环境的动态性。作者通过标准普尔 500 中的 279 家制造业企业的纵向数据验证了相对探索性对财务绩效存在倒 U 形关系。除结论的独特性外，该文的另一大贡献就是采用计算机辅助的文本分析来测量组织层面的探索与利用水平。Greve（2007）以日本造船业为研究对象，采用纵向面板数据验证了探索式创新与利用式创新之间的互斥关系。Lin（2007）采用动态的网络观来理解探索式和利用式战略联盟，超越了静态的和双元性的观念，实证检验了规模和行业动态性作为组织专业化或者双元性选择的边界条件，并用计算机模拟验证了网络中心度和结构洞位置对组织联盟与组织绩效的调节作用。这也比较符合理论发展的成熟阶段的研究特点，即"所研究的问题侧重于详细阐述、深入解释或对现有理论的某些方面提出质疑……为现有成果提出新的支持或反对证据"。

也有些学者将关注的焦点转向了探索与利用框架的拓展方面，如 Im（2008）将探索与利用的概念拓展到了组织间的知识共享及其关系绩效。Atuahene-Gima（2007）检验了社会资本的不同维度，包括结构、认知和关系维度对中国新技术企业的 TMT 探索式学习和利用式学习及新产品开发的影响。Mom（2007）分析了组织内部知识流动对管理者探索与利用的影响。动态能力作为探索与利用的重要知识基础，也取得了新进展，如 Teece（2007）建立一个理论框架，揭示了在开放式创新以及全球化制造的背景下，企业动态能力的微观基础，包括企业流程、程序、结构、技能、组织惯例、决策规则、纪律等决定了企业辨识、捕捉以及重新配置的能力，也是企业获得长久的竞争优势的基础，组织与组织间的合作不仅在适应环境，同时也在影响组织生态环境。

从文献的涌现特征来看（见图 2-7），该时期涌现的引文呈现以下特点：首先，关于定量数据收集和分析方法的经典著作（Nunnally，1978；Aiken and West，1991；Miles and Huberman，1994）与关于测量方法创新的新秀如 Uotila 等（2009）非常受欢迎。这进一步验证了这一时期探索与利用研究的特点：以定量的数据为主，关注延伸和挖掘含义的测量方法；数据收集方法以调查、系统性的编码和数量化的访问与观察为主；数据分析方法往往为标准的统计方法。其次，还有 4 篇属于双元性研究的作品，这也进一步验证了探索与利用研究内容向组织双元性漂移和倾斜。此外，这个时期的知识基础还有组织演化理论（Nelson and Winter，1982）、组织行为理论（Cyert and March，1963）、矛盾管理理论（Smith and Lewis，2011）等。

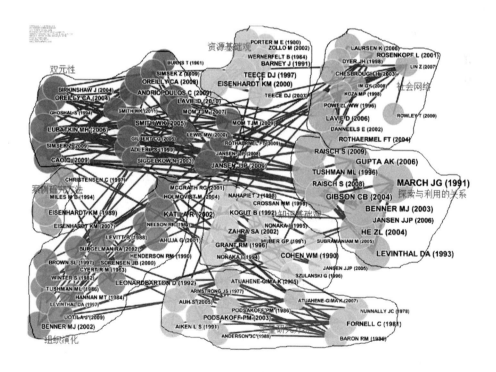

图 2-7　2011~2015 年高被引文献聚类图谱

从纵向时间维度来看，探索与利用理论研究的高被引文献呈现聚类类别越来越多，知识基础越来越细化的趋势和特征。2001~2005 年 CiteSpace 聚类为 4 类，2006~2010 年为 6 类，2011~2015 年为 7 类，研究情境与主题也越来越广泛，包括组织学习、技术创新、组织绩效、组织生存、战略联盟、社会网络等，研究层面也越来越多元化，包括网络、组织、业务单元、团队和个人层面。2005 年之前，被引文献涉及面较广，多为经典的组织理论，可谓寻找合法化时期，2006 年开始，被引文献趋向集中，围绕着探索与利用的前因、后果和调节变量进行了大量的理论和实证研究，特别是 2011~2015 年，双元性管理的高被引文献呈爆炸性增长，这可能是由于技术环境和市场环境的动态性和复杂性，越来越多的学者和管理人员意识到同时追求探索与利用对于企业保持长久的竞争优势的重要性。此外，战略联盟、开放式创新等方面的高被引文献也有所凸显，正如 Benner 和 Tushman（2015）所言，随着产品与服务的模块化以及信息革命带来的沟通和计算成本的骤然下降，创新的视角也跨越了组织边界，转向了开放社区或者领先群体。

（四）研究述评

以上研究发现，探索与利用理论的研究日益成为组织与管理学者共同关注的焦点，学者在对其知识基础进行多角度、全方位、多层次的优化与利用时，也正在进行多维度、多领域、多视角的探索与创新，促使这一理论工具逐渐趋向合法化和成熟化。从整体来看，组织双元性、组织学习与创新、关系（网络与战略联盟）、组织变革、资源基础观与动态能力以及定量研究方法是探索与利用框架的重要知识基础。这六大知识模块既相对独立又具有内在联系，从知识模块的演变过程来看，1991~2015 年的整个时间跨度内，组织学习与知识管理一直是探索与利用理论研究的重要知识基础，有效连接了组织双元性、动态能力、吸收能力、组织变革等知识模块，组织双元性是近阶段研究的热点和重点。与此同时，本章基于 Edmondson 和 Mcmanus（2007）理论发展框架发现，经过学术共同体的不断对话、检验和完善，探索与利用框架的研究已经逐渐步入成熟阶段，现阶段以延伸挖掘和拓展应用为主。

从历史的演变视角来看，本章认为探索与利用理论框架之所以取得如此成功的发展，一方面得益于这对概念本身的包容性和强大的解释力，另一方面也得益于后来盛行的吸收能力、知识创造、知识基础观、动态能力等理论的发展，特别是双元性理论的兴起，这些理论和探索与利用的观点相契合，因此在文献中具有延续性。如吸收能力中潜在的吸收能力与探索的含义相近，现实的吸收能力与利用的含义相似（Smith and Lewis，2011）。

本章对探索与利用概念的知识结构进行分类，既回应了学者对更专注和专业化（focused and specialized）的管理研究的呼吁，又促进了跨领域研究（cross-fertilization）的融合（Raisch et al.，2009）。本章所得出的判断，即探索与利用研究处于成熟阶段，是从整体上相对来说的。具体到更细致的研究模块，如探索与利用的平衡管理，即组织双元性，则可能处于研究的中级阶段，特别是基于时间的双元性研究还比较少。其次，我国的文化和制度环境，成为理论研究的天然实验场（Tsui，2006），在我国这种独特的研究情境下，可能存在值得进一步探索的出人意料的定量研究结果，从而推动探索与利用理论取得突破性进展。事实上，已经有一些学者利用中国企业的样本来研究探索与利用式创新（如 Cao et al.，2009；Atuahene-Gima and Murray，2007；Atuahene-Gima，2005；等等），这些学者正是看中了转型期的中国，企业面临着更高的技术和制度的不确定性，成为一个很好的研究情境。因此，未来可以考虑从以下两方面进行拓展和应用：第一，可以考虑跨情境检验与完善，由于我国在制度环境、技术环境和市场环境等各方面都与西方有很大差别（Atuahene-Gima and Murray，2007；Atuahene-Gima，2005），因此在我国情境下进行验证有助于拓展探索与利用框架的边界和检验理论适用性。第二，可以考虑理论互释和整合，如探索与利用框架与动态能力、吸收能力、组织二元性、文化双融、复合基础观、高阶理论等。

二、高阶理论与组织双元性

（一）高阶理论的核心观点

①高管根据其对战略环境的个人化解读采取行动；②个人对环境的解读和建构是个人经验、价值观和个人人格的函数；该理论是建立在有限理性的前提下的，即对信息的复杂性和环境不确定性的认识不是客观的，而是一种意义建构，如果要理解组织为何实施某种行为，首先需要了解对组织最具有影响力的个体——高管的偏见和行为倾向；③高管的人口统计学特征是高管认知的有效的代理变量（Hambrick，1984，2007），即高管的背景特征（如任期、教育和职能背

景）对其面临的刺激起过滤和扭曲的作用，而且这些背景特征可以用来预测高管的战略选择；④整个高管团队的特性比 CEO 个体的特性能够更好地预测组织的成果；⑤将高管的个人偏见转化为行为的机制是一种信息筛选过程。根据 Bromiley 等（2017）的综述，TMT 的行为影响主要围绕高管特征是如何影响战略过程和组织绩效这一问题，在过去的 10 年中，围绕这一问题大致可以分为三类研究，第一类，主要检验 CEO 或者 TMT 的人口统计特征如任期、经验、性别、团队多样性、团队职业化等对不同方面的绩效的直接或者间接影响。第二类，主要检验人口统计特征这一代理变量是否通过影响高管的心理特征如 CEO 的人格特征、价值观、偏好等影响企业绩效。第三类，主要检验 CEO 和 TMT 的可观测特征与潜在特征如何影响组织内外的其他人或事（如高管团队的意见咨询、团队内部的互动等）进而影响组织绩效。关于 CEO 个人层面的可观测特征的影响研究包括经验（Crossland et al.，2014）、任期（Henderson et al.，2006；Lewis et al.，2014）、CEO 来源（Zhang and Rajagopalan，2010）、CEO 继任（Chen and Hambrick，2012）以及性别（Dixon-Fowler et al.，2013）等。关于 TMT 可观测特征的影响研究包括 TMT 的经验特征（Souitaris et al.，2012；Kwee et al.，2011）和 TMT 多样性或者异质性（Bromiley et al.，2017；Hambrick et al.，2015；Heavey and Simsek，2017；Li，2016）。

（二）高管认知、行为特征与双元性

Smith 和 Tushman（2005）提出矛盾性认知创新管理框架。认知框架提供了一个看待事物的视角，是管理者理解环境、收集信息和决策制定的基础。矛盾性的认知框架是指当遇到两股相互对立的力量并列时，行为主体能够拥抱它们之间的张力而不是回避或者拒绝。作者认为认知框架和过程能够克服组织惯性和个人一致性偏好（consistency preferences）。首先，矛盾性认知框架有助于连接不同的组织目标，清晰而又具体的目标有助于目标的实现。其次，承认双元性和潜在的协同关系有助于减少焦虑和压力，从而转化探索与利用活动之间的威胁性和竞争性。在承认探索与利用同样重要，而且能够同时取得成功的前提下，管理者需要面对两种活动之间的差异性和共同点，即需要两个独立的认知过程——区分和整合。区分包括承认并且清晰表达二者的不同点；整合包括转化分析的层次来鉴别潜在的联系。区分能够打破对现有产品的认知承诺，从而抑制组织惯性。专念

（mindfulness）能够帮助管理者创造新的类别，从而有效促进个人学习力、创造力和决策有效性（Langer，1989）。识别并明确表达探索与利用的差异还有助于管理者在两种活动之间更有效的分配资源，也有利于鼓励管理者去探索新市场、新技能和新机会。认知区分还有助于管理者拒绝简单化和机械化分类，接收更丰富的信息，正如 Weick（1999）所述，在高可靠性组织，团队成员不愿意简化操作，这种持续的认知区分能够产生更多更丰富的信息，从而促进组织更有效地应对环境的变化。区分也是促进整合的开始，区分过程促进学习，在此过程中发现整合的可能性。

Vera 和 Crossan（2004）构建了战略领导力和组织学习的融合模型，将 CEO 的领导类型分为变革型领导和交易型领导，采用"4I"学习模型和权变观，认为变革型领导对应于有机式的组织结构，正式的管理学习系统，构建柔性和适应性的组织学习能力，有助于组织探索式学习；而交易型领导对应于机械式的组织结构，层级化的学习系统，致力于效率和刚性，有助于利用式学习。战略领导者既需要变革领导力也需要交易型领导力。正如组织既需要探索式学习，也需要利用式学习一样。随着组织的不同生命周期，需要不同的领导力与之相匹配以促进组织的正向和反向学习，在初创企业，需要变革型领导力，随着企业规模的增长，需要交易型领导力，特别是在组织绩效低下时，需要变革型领导力。

Rosing 等（2011）提出了双元型领导对创新的研究框架，从行为角度来描述双元型领导，即能够在开放式领导行为和封闭式领导行为之间来回转换以激发下属的探索与利用行为，保持两种行为在时间上的灵活性（temporal flexibility），从而满足创新的知识创造和应用过程。开放式领导行为的典型特点为：鼓励下属尝试不同的方法和试验；给下属独立思考和行动的自由，支持下属挑战既有的流程和规范。封闭式领导行为包括给下属设置具体的行为规范；纠正下属偏离规范的行为；监管目标执行过程。

Datta 等（2003）主要从认知维度描述了 CEO 对变革的开放性（openness to change），并操作化定义为 CEO 的相关背景特征，包括任职年限、年龄和教育背景的集合。连燕玲和贺小刚（2015）进一步总结了开放型 CEO 的特征：一是愿意尝试新模式、新方法、新活动，追求新异和多样性；二是求知欲强、善于分析且思路开阔，愿意思考非常规的观点，喜欢解决组织内外复杂或突然性的问题；

三是喜欢挑战组织内的权威和传统观念。与此相对的是封闭性 CEO，表现为：第一，更愿意坚持已尝试过的、可靠的活动而不愿意去探求新机会；第二，不愿意接受思想上的挑战，更喜欢执行组织日常惯例性的事务；第三，喜欢遵循组织内的权威和常规带来的稳定和安全感，维持组织现状而不愿去挑战组织现有秩序。

认知复杂性和行为复杂性（Behavioral Complexity, Hooijberg and Ditomaso, 1996）是行为双元性的前因。行为复杂性包括可行集和行为差异度，前者是指领导者能够表现的行为范围，后者是指根据情境展现不同行为的差异程度，因此双元性领导既要有开放与封闭两种行为集，也能够根据情境在这两种行为之间进行区分（differentiation）。同时也要有整体思维（integrative thinking）（Martin, 2007），即积极地看待两种相互冲突的行为，并且能够融合以达到更好的互补效果。Zhou 和 George（2003）认为领导者的情商有助于理解和疏导下属的情绪，也有助于员工创新行为。还有就是领导的预测与计划能力也有助于领导意识到何时应该鼓励探索和利用（Mumford et al., 2002）。Zhang 等（2015）提出了基于中国情境的矛盾型领导的人员管理行为特征：既同等对待下属又允许个人化；既强制执行工作又允许灵活性；既维持决策控制又允许自主性；整合自我中心与他人中心；既保持距离又拉近距离。

Kammerlander 等（2015）则主要关注动机导向，即领导者的调节焦点对组织探索与利用的影响。调节焦点是一种相对稳定的人格特性，旨在解释个人完成目标的方式以及其行为背后的内在动机。调节焦点理论能够很好地解释个人对特定问题的注意力分配，完成目标的战略偏好以及资源分配方式。调节焦点一般受个人孩童时期或者青少年时期的经历或者社会化过程影响，它由两个独立的元素组成：促进性调节焦点（promotion focus）和防御性调节焦点（prevention focus）。高促进性调节焦点的人出于增长与提升的内在驱动，主要关注潜在收益，倾向于最大化收益或者成就（achievement），没有成就则会令其感到伤心（sadness）和失望。相反，高防御性调节焦点的人则出于安全感和责任感的需要，竭力避免犯错或者避免负面结果的发生，他们不太关注成功的回报，而竭力避免失败的损失，失败会让他们感到不安，避免失败能够让他们感受到舒适（calmness）。现有研究指出，促进性和防御性调节焦点并非处于一条线的两端，而是可以同时共存的（Higgins and Kram, 2001）。李磊等（2011, 2012）基于调节焦点理论研究了领导对下属创造力的影响。

时间焦点（temporal focus）反映了个体的注意力分配的时间视角，它与内容无关，仅仅代表个体在时间上的自由裁量权（Nadkarni and Chen，2014）。时间焦点定义为个人将注意力投在过去、现在和未来的程度，它反映了过去的经验、当前的环境以及未来的期望会如何影响个人的态度、认知和行为（Shipp et al.，2009）。尽管最初的研究将时间视角视为连续的，人们或者是过去焦点，或者是现在，或者是未来，彼此是互斥的（De Volder and Lens，1982），但是随着研究的深入，越来越多的学者认为过去焦点、现在焦点和未来焦点是时间视角的三个独立的维度，而不是互斥关系（Nadkarni and Chen，2014）。过去焦点（past focus）与个人对过去的反思和过去知识在决策过程中的反复应用紧密相关（Collins and Clark，1993），当对先前的经验或者观察进行相关分析时有助于促进学习，然而也可能带来过度概括的偏差，即过度强调过去和现在情境的相似性而低估了情境的差异（Bluedorn，2002）。现在焦点（present focus）与抓住机遇和即兴行为相关，在决策过程中强调对"此时此刻"（here and now）的时间框架和导向。未来焦点（future focus）与对未来的刻画和远见相关，然而很难对未来想象的有效性和准确性进行评估。

在稳定的环境中，技术、市场和竞争环境的变化都较慢，过去的行为具有延续性（Atuahene-Gima and Li，2004），因此增加了反馈式学习（feedback-based learning）的潜在优势。过去焦点的 CEO 通过对过去的成功和失败的解读和分析，能够深入地理解当前的技术环境，进而促进对新技术和新机会的探测速度。更进一步地，实时而准确地反馈能够增加信息的信度，降低大量不相关信息的干扰和后向反馈的时滞。然而在动态的环境中，技术、市场和竞争环境的变化都较快且不具有可预测性（Atuahene-Gima and Li，2004），过去有效的反馈很快就会过时，降低了反馈式学习的潜在优势。在此环境中，现在焦点的 CEO 能够实时监测技术和市场环境的变化，根据实时信息开展即兴行为和决策，有助于促进组织柔性。将来焦点的 CEO 对未来充满了想象，热切地关注并期待技术和顾客需求的变化（Gibson et al.，2007），因此能够提前探测变化并为变化做好准备。然而对未来的技术进行探测也充满了风险和不确定性，并且消耗组织的宝贵资源和能力（Wang and Li，2008）。

（三）高管网络特征与组织双元性

Rogan（2014）将个人看作是嵌入在不同的网络中的一员，个人行为是由其所嵌入的网络决定的。因为个人的网络关系影响他和谁接触、信息流动，以及约束个人行为的规则等，而这些因素都影响探索与利用行为。高管的网络密度、网络异质性及非正式性都会影响高管的行为双元性。Kleinbaum 和 Tushman（2007）强调经理人的社会网络对跨单元创新的影响，社会网络具有两方面作用，一方面有助于跨部门的信息交流以发现潜在的合作机会，另一方面有助于跨部门的联系强度以将部门间的合作付诸实施。Taylor 和 Helfat（2009）研究指出，在在位企业技术变革中，中层管理者在创建和保障探索单元与利用单元联系方面起到了重要作用。Mom 等（2009）强调了个人协调机制对组织双元性的重要作用。

（四）高管人口统计特征与双元性

1. 任期

"从决策制定和高管认知的人的因素来看，高层管理者，并不是在他们任期的所有阶段都有一致的想法和行为"（Henderson et al.，2006）。TMT 任期影响高管团队对地位序列的承诺、信息多样化和对风险的态度（Finkelstein and Hambrick，1990）进而影响组织绩效，特别地，由任期较长的高管团队领导的企业往往会采取持久性的战略，保持与行业平均水平一致的战略，绩效也与行业平均值保持一致。Hambrick（1991）分析了 CEO 任期的一般性特征，总结了 CEO 在任职周期的不同阶段的特点，包括范式承诺、岗位知识、权力、信息多样性和岗位兴趣 5 个方面。与 Finkelstein 和 Hambrick（1990）相比，这两篇文章都关注了高管任期的范式承诺和信息多样性，而这两个维度也是影响组织探索与利用的重要因素。根据 Hambrick（1991）所提出的任职周期模型，在 CEO 任期内，具有明显的阶段性特征（周期），这种周期对 CEO 的注意力、行为乃至组织绩效都具有重要影响。根据组织与环境匹配观（Lawrence and Lorsch，1967），在动态的环境中，需要组织具有更灵活的结构和创新的战略（Miller，1991），如果 CEO 不能及时更新运营范式，就会因为组织能力与环境不匹配出现绩效下滑。这与 Henderson 等（2006）的研究结论一致，即在动态性较高的计算机行业，CEO 的能力过时得更快，而在相对稳定的食品行业，CEO 的学习收益经历较长时期的增长。Wu 等（2005）沿着 CEO 的生命周期理论，通过生物制药行业，一个技术和创新密集型的组织情境，检验了 CEO 的任职时间长短对发明的非线性关系，同时检验了技术动态性的调节效应。这里作者建议后期的研究能够根据创新的特点，探讨 CEO 任期对不同的创新类型的影响。Barker 和 Mueller（2002）研究了高管特征对研发投资强度的影响，结果显示，较长的任期为 CEO 影响研发投资模式提供了时间和权力，因此，长任期使 CEO 在研发资源的分配上具有更大的自由度。Henderson 等（2006）指出 CEO 在任期内经历两个彼此矛盾的过程，一个是范式内的学习、完善和逐步提高的适应过程（CEOs learn by doing），另一个是范式与外部环境的不匹配过程（CEOs overly committed to their earlier formulas）。Luo 等（2014）认为 CEO 的任期影响其与组织内部和外部利益相关者的关系，进而影响信息获取渠道。这里 CEO 的任期可看作 CEO 对组织内外部知识和影响力的代理变量。Simsek（2007）根据学习理论，提出过去处理风险的经验能够帮助 CEO 对风险进行更为理性的分析和对待，特别地，经验能够降低实际或者感知到的潜在风险。Miller 和 Shamsie（2001）认为学习（感觉到需要学习）和知识塑造了高管（production head）的生命周期，刚开始上任的时候认为需要学习（sense the need to learn）；但是随着经验的积累，大多数领导者都会更加了解市场，也更加自信，知识和安全感的增加会让他们觉得学习不是那么紧迫；在职业生涯的后期，非理性因素，如自满和过度自信会进一步减少学习和试验。

2. 其他背景特征

年龄、学历、性别、教育和职能背景等特征也塑造了高管的认知、行为和风险倾向。现有研究证实，CEO 的年龄和任期影响潜在的认知、职业时间视野和组织运营范式（Mcclelland et al.，2012），进而影响未来的企业绩效。CEO 职业时间视野是 CEO 年龄的函数，短期职业视野的 CEO 倾向于风险规避，更在意自身职业安全。越临近退休，潜在的代理问题越严重，这种问题也称作视野问题（horizon problem）。实证研究也证实了具有短期视野的高管倾向于低风险战略，如年龄大的 CEO 较少投资于长期导向的 R&D（Barker and Mueller，2002）和广告以及资本投资（Dechow and Sloan，1991），还有些研究发现随着 CEO 年龄的增长，组织的跨国并购（Matta and Beamish，2010）以及创新行为（Lévesque and Minniti，2006）均有所下降。CEO 越临近退休，视野问题越严重，可能基于以下两个原因：首先，短期视野伴随着较低的职业流动（Veiga，1983），一旦离开现有的职位，年长的 CEO 不太容易找到类似的工作。这种低流动性进一步增加了 CEO 非自愿流动损失。其次，CEO 一般是那些在工作中投入了大量精力和时间的成功者，他们将自身的身份认同与 CEO 岗位紧紧联系在一起，因此竭力维护职位安全。

从动机方面来看，个人职能背景多样性可能预示着冒险、求变和敢于尝试的个人特征（Crossland et al.，2014），高背景多样性的 CEO 可能更偏好探索与变革，而低多样性背景的 CEO 可能更偏好稳定和积累；从认知维度来看，职业的变换能够拓展个人的认知地图，高多样性的 CEO 能够意识到更广泛的观点、范式和模型。因此，背景的多样性影响 CEO 如何认识和解读环境进而影响其战略行动。高多样性的 CEO 偏好冒险和与众不同，拥有广泛的认知模型，因此倾向于探索式创新；而低多样性的 CEO 偏好稳定和稳扎稳打，认知范围也相对较窄，因此倾向于利用式创新。在我国，海外背景人才普遍接受过良好的专业训练，具备国际视野和经验，成为推动企业技术创新的重要人力资本。罗思平和于永达（2012）通过中国光伏产业的实证研究指出，企业家海外经验显著影响企业的技术创新水平。

随着女性在企业中的领导地位越来越凸显，越来越多的学者关注高管性别差异对组织战略决策的影响（Zhang and Qu，2016）。与男性相比，女性 CEO 更加注意风险规避（Huang and Kisgen，2013；Khan and Vieito，2013），对外部环境更敏锐，倾向于市场导向（Davis et al.，2010）。

Dearborn 和 Simon（1958）认为与特定职业背景和职业训练相关的目标、报酬和方法体系影响管理者对信息的认知和解释方式。但是此后很多学者试图用更成熟的方法复制 Dearborn 和 Simon 的研究都没有得出职业背景影响认知偏见的结论（Beyer and Bowden，1997）。Finkelstein 和 Hambrick（1990）认为职业背景带来的认知偏见之所以在最近的高阶理论研究中没有发现有力的证据，原因在于过去几十年在高管培养过程中实施了广泛的职业培训和组织内跨部门的岗位轮换。任职背景带来的认知偏差依然存在，只是学者不应该从单一的职能背景进行划分。为了考察 CEO 职业背景对组织研发投入的影响，Barker 和 Mueller（2002）将 CEO 的职业经历分为两类，一类为产出导向，如研发、工程、市场和销售，

强调通过开发新产品或者新市场以实现销售的增长，具有产出导向职业背景的
CEO 会为了组织增长而专注创新，从而喜欢高水平的创新投入；另一类为中间投
入导向，如会计、财务、生产、管理、法律，主要目标在于提高组织效率，具有
投入导向职业背景的 CEO 会认为研发是一种可调节的费用，因此偏向于建设研
发投入。Thomas（1991）对计算机产业的研究也证实了以产品和市场的增长为主
要战略的组织，其 CEO 一般来自产出部门，如市场、销售或者研发部门；而以
效率导向的组织，其 CEO 一般来自中间投入部门，如会计、财务、生产、管理
部门等。

（五）高管团队异质性与双元性

直接研究高管团队异质性与组织双元性的文献才刚刚兴起，其中最具代表性
的是 Li（2016）和 Heavey 等（2017）。Li（2016）采用分布式注意（distributed
attention）和团队观点采择（team perspective taking）视角分析了高管团队的多样
性（职业背景和教育背景）对组织双元性的影响，Li（2016）指出，就双元性
的分化（differatiation）方面来说，需要高管团队在战略议程、观点采择方面的认
知冗余；就双元性的整合（integration）方面来说，需要高管团队接受和保持
（embrace & maintain）这种差异，一个多样化的高管团队能够迎接这两方面的认
知挑战。Heavey 等（2017）认为分布式认知能够降低认知负荷，建立团队之间
知识的无缝衔接，为高管团队提供基于成员专用性知识和技能的知识创造、分配
和整合系统，因此有助于提高团队分化和整合战略议程的能力，即有助于组织双
元性。分布式认知是基于非冗余认知和知识来说的，它源于高管层在知识领域的
贡献类型或者知识配置的复杂性，源于团队成员贡献的非线性结构，而非团队成
员相似的行为或者贡献的合并与联结，学者称为"compilation"而非"composi-
tion"、"汇编"而非"构成"。它区别于行为的整合（behavioral integration），后
者是基于相似的或者平行的行为以及共同的行为导向，而交互式记忆经历了不同
知识、技能和认知的编辑过程，以一种非线性的和不连续的方式进行组合和配
置。首先，交互式记忆提供了独特的、不重叠知识的交换和结合而非共同的或者
冗余知识的交换；其次，基于知识和技能的分布式特点，交互式记忆系统提供了
知识间有效的交换和协调，因为它是基于"任务—经验—人"的联系（task-ex-
perience-people associations），因此不需要那种浪费时间、精力和资源的大范围的

信息和知识交换。职能背景的多样性从职能优势的角度塑造了高管团队的认知广度，对特定时间的看法和解读；组织经验的异质性塑造了高管层的模式，战略问题的分类和社会网络，通过组织经验和职业背景的多样性，能够扩大团队的知识、技能和联系。因此，高管团队多样性增强了团队分布式认知与组织双元性之间的关系。

但是高管团队异质性与组织绩效、战略绩效和团队绩效的相关研究则很多（Bromiley et al.，2017；Finkelstein et al.，2009）。Ndofor 等（2015）研究了高管团队异质性对资源利用决策和组织绩效的影响，作者将资源基础观与高阶理论相结合，沿着"资源—行动—绩效"这一逻辑主线，研究发现高管团队异质性对资源利用的行动规划具有正向影响，却不利于从行动到绩效的转换。从资源转换为行动需要产生想法、计划与决策，该过程需要很高的认知努力，异质性的团队能够很好地胜任该阶段的任务；然而从行动转换为绩效需要团队成员之间的协作、信息分享和行动的一致性，但是异质性的团队降低了团队的凝聚力和有效的沟通。Hambrick 等（2015）认为只有团队成员之间能够相互影响时，团队异质性才能发挥影响力，近年来的高管团队异质性对战略和绩效的影响研究之所以没有得出一致性的结论，是由于忽略了团队成员之间的相互依赖程度的差异。Guadalupe 等（2014）研究了企业高管团队结构与信息技术投资之间的关系，作者通过对美国 1986~2005 年企业高管团队构成变化的深入观察发现，在这 20 年间，高管团队规模扩大了近一倍，这主要是由于直接向 CEO 报告的职能经理的增加，研究发现高管的职能类别（产品职能如研发与市场或者管理职能如管理、财务等）影响企业的信息技术投资。Nadolska 和 Barkema（2014）研究了高管团队异质性对组织收购的频率和成功概率的影响，结果证实异质性的团队对兼并问题信息分享更多，交流充分，分析更深入，信息来源更广泛，因此决策的质量更高，过去的兼并经验知识转化得更好；但是相对而言，决策速度更慢，同质性的团队决策速度快，但是容易将过去的经验简单化，从经验中学习得少。Eesley 等（2014）研究了商业环境和组织战略对创业团队构成和绩效的调节效应，研究发现，在竞争性的商业环境中，异质性的创业团队能够带来更高的组织绩效，在合作性的商业环境和创新导向的公司中，技术导向的创业团队能够带来更高的绩效。Cooper 等（2014）研究了外部环境对高管团队信息断层（informational faultline）和组织绩效的影响，研究发现，在低环境动态性、高复杂性和高丰腴性的环境中，团队成员组成的与任务相关的子群体之间的信息断层有助于促进专业化和分工，从而有助于组织绩效；而在高动态性、低复杂性和低丰腴性的环境中，这种信息断层带来的沟通和协调成本负向影响组织绩效。Bjornali 等（2016）研究了高新技术企业中团队构成与团队有效性的关系，结果证实高管团队多样性与绩效正相关，董事会服务参与（board service involvement）起中介作用。Kristinsson 等（2016）研究了创业团队多样性与创新绩效的关系，研究发现创业团队的信息多样性有助于产生新想法和想法的落实实施，进而有助于转换为新产品和新服务。

关于一般工作团队（非限定高管团队）异质性与团队过程和绩效的关系研究成果尤为丰富。van Knippenberg 和 Mell（2016）系统总结了团队异质性研究的过去、现在和未来，并将研究时期分为两个阶段。第一阶段的特点参见 Williams 和 O'Reilly（1998）的综述，该阶段团队异质性研究常用的三大理论包括社会分类、社会认同与信息决策理论，它更多关注团队成员人口统计特征的异质性，如年龄、任期、教育背景和职业背景、种族特征等。第二阶段的特点参见 van Knippenberg（2007），该阶段的研究主要转向了人口统计特征异质性对绩效的调节或者中介机制。Guillaume（2017）构建了一个"分类—雕琢模型"（categorization-elaboration model），将社会分类与信息决策理论融合进一个理论框架中，系统总结了外部环境、组织战略、团队设计、人力资源政策、领导力、团队氛围与文化以及个人差异性等不同层面的因素对团队异质性和社会一致性、绩效、个人幸福感等关系的调节效应，这也基本上代表了当前研究的现状。Srikanth 等（2016）指出，过去的研究认为团队多样性是一把双刃剑，一方面能够提供决策所需的多样化信息，有助于提升创造力，另一方面影响团队凝聚力和信息分享，均没有考虑时间因素对团队过程的影响，于是作者建立一个团队多样性的动态模型综合考虑时间因素和多样性的流动。

（六）研究述评

从以上研究不难看出，自 Hambrick（1984）提出高阶理论以来，高管人口统计特征、心理特征、行为特征以及团队构成多样性受到了学术共同体的热切关注。由于近年来组织所面临的环境动态性和复杂性越来越高，组织决策所需信息的多样性和复杂性已经超出个人（如 CEO）的处理能力，于是研究焦点转向了高管团队及其团队构成，开始关注与任务相关的团队特征，如团队规模、团队任期、教育背景、职业背景以及团队多样性。就高阶理论与组织双元性的跨理论融合研究而言，目前还存在以下不足：

首先，根据高阶理论的逻辑线条，"高管（团队）显在特征—潜在认知与行为—组织战略与绩效"，目前对组织双元性的研究主要关注高管个人层面潜在的认知与行为对组织双元性的影响，如前面文献综述中提到的领导行为（矛盾型领导、变革型领导、双元型领导等）与认知特征（矛盾性认知框架）对组织双元性的影响，较少关注高管团队特征对组织双元性的影响。

其次，在有限的高管团队特征对组织双元性的直接研究文献中（Li，2016；Heavey and Simsek，2017），比较倾向于采用问卷调查的形式来测量组织双元性。由于组织双元性的问卷均采用 Jansen（2006）的测量方法，基本上是基于过去 3 年组织的行为进行主观评价，而且较少考虑探索与利用的时间双元性，即较少涉及组织是否采取探索与利用在时间上的转换来平衡二者的关系等。

第二节 文献综述

一、研发投入跳跃的理论内涵

（一）组织研发活动的功能及分类

Cohen（1989，1990）认为组织内部的研发活动具有两个功能：创新和学习。首先，组织开展研发的直接目的是创新，即创造新知识、新信息、新技术，进而转换为新产品、新服务、新材料、新工艺等，进而提高组织的生产效率和产量，提高市场占有率和利润率。其次是学习，即通过组织的研发活动培养一种特殊的组织能力（吸收能力），使得组织能够接触（access）、识别（identify）、获取（acquire）、消化（assimilate）、转化和应用（exploit）组织外部知识。最后，组织学习与创新相互促进（Lane et al.，2006）。一方面，组织学习促进创新的速度、频率和幅度；

另一方面，创新促进知识的生产，进而转换为组织吸收能力的一部分。

根据资源基础理论（Wernerfelt，1984；Barny，1991；Grant，1996），组织研发投入是获取独特的、有价值的、稀缺的和难以模仿的知识资源和能力的重要途径，是组织获取竞争优势的重要方式。首先，因为研发活动带来的直接产出——专利等知识资产是企业独特而稀缺的资源，如果开发得当，能够进一步转换为新产品或者新服务，增强企业的竞争力。其次，企业研发过程中培养了一批具有特定研发能力和知识装备的研发队伍，这种附着在员工身上的特殊知识和技能也是企业的重要资源之一。再次，组织在研发过程中积累的组织研发管理的知识和能力也是组织的稀缺资源之一，这种知识和能力能够让组织从一个研发项目成功转向另一个研发项目，因为组织内部知识的有效管理有助于内部知识的转化（Szulanski，1996），从而提高知识的利用效率。最后，组织在特定领域的知识积累，成为组织吸收能力的重要基础，有助于组织识别、获取、消化和转化应用外部相关知识的能力。总之，研发活动产生的编码化的知识（如专利）、人力资本、隐性知识和能力等都满足知识基础观 VIRO 的定义，均能为组织带来独特的竞争优势，因此资源基础理论认为研发投入是组织竞争优势的重要来源。

以上理论均认为持续稳定的研发投入是必要的。首先，由于知识积累具有连续性，特别是非编码化的知识，如果不能保证持续地投入、深化加工和应用，很快就会被遗忘（Cohen，1990），前期的投入和积累也随之付诸东流。其次，由于人力资本具有稀缺性和流动性，高层次研发人员是组织的稀缺资源，如果不能保证持续的研发投入，人才的流失将导致组织的人力资本和知识资源的双重损失。以上研究均将组织研发视为一个整体，没有考虑研发活动的性质和目的的差异。

根据探索与利用理论，组织的研发活动根据其性质和目的可以分为探索式研发和利用式研发（Mudambi，2011）。根据 March（1991）的经典定义，基于研发的探索（也称探索式研发）包括实验、增加多样性和承担风险等性质的活动（Swift，2016），它旨在寻找新的资源以更新或者改变现有的竞争地位，往往需要跨越组织与技术边界以致力于非本地知识搜索、整合不同的知识类型以带领组织走向一个新的技术轨道（Mudambi and Swift，2014；Argyres，1996；Rosenkopf and Nerkar，2001）；而基于研发的利用（也称利用式研发）包括完善、执行和提高效率等性质的活动（Swift，2016），它旨在将现有的能力和资源变现，即在现有的技术模式下完善和提高组织现有的技术和产品以适应当前客户的需要。利用式研发往往局限于特定的相对狭窄的技术领域，与知识创造的深度正相关；而探索式研发追求相对宽泛的技术领域，与知识创造的广度正相关（Katila and Ahuja，2002）。探索式研发往往通过小范围测试与自由联系来增加经验的多样性，而利用式研发则通过专注和改进生产过程来增加经验的稳定性（Holmqvist，2004）。探索式研发一般处于新产品开发的早期，而利用式研发旨在完善和改进其现有产品的性能、生产工艺和流程（Benner and Tushman，2003）。

（二）探索式研发与利用式研发的关系

根据探索与利用理论，组织探索式研发与利用式研发之间既相互竞争又相互依赖。第一，二者相互竞争组织的稀缺资源。由于创新资源投入的稀缺性，必然面临有限的资源在两种类型的研发活动之间的分配问题。第二，二者相互竞争高层管理者稀缺的注意力资源（吴建祖和肖书锋，2016）。第三，二者相互竞争组织惯例。探索式研发旨在实验和增加多样性，需要鼓励试错和自由联系，往往适用松散的组织结构和相对宽松的财务预算；而利用式研发旨在完善、执行和提高效率，有着明确的研发目标和任务，鼓励与其他部门的紧密联系，往往适用相对紧密耦合的组织结构和适度紧缩的财务预算。第四，二者相互竞争组织的奖惩体系。探索式创新鼓励抛开现有技术轨道和能力基础的创新，这种研发项目的周期更长，成果价值更难评定，很难适用最终经济绩效导向的激励体系；而相对来讲，利用式创新在现有的技术或者产品基础上的完善和提高，相对周期较短，能够较快、较好评估创新成果的价值，可以指定更明确的经济产出导向的激励体系（March，1991）。

但是从长期来看，组织既需要探索式研发也需要利用式研发（Lavie et al.，2010）。利用式研发帮助组织不断完善和提高现有产品的性能和工艺，不断提高现有顾客群的体验和满意度，从而有助于组织充分利用现有的能力和技术最大程度创造现金流（Benner and Tushman，2003）。随着技术的进步和产品竞争，组织现有产品和能力也面临过时的威胁，此时组织需要探索式研发以帮助组织寻找新技术和新产品，从而获得新的竞争能力。由此可见，从同一时点看，探索式研发与利用式研发是相互竞争的；但是从长期来看，二者又是互补的，能够帮助组织在获得当期高绩效的同时也为未来做好准备（Lavie et al.，2010）。

（三）探索式研发与利用式研发在时间上的转换及其测量

根据间断式平衡理论，长期的利用活动和短时集中的探索活动在时间上的循环提供了协调探索与利用内在冲突的逻辑框架（Gupta et al.，2006），即将组织的适应过程分为一系列离散的时期，每个时期专注于特定类型的活动以最大化可供利用的机会，通过跨时取舍平衡探索与利用（Burgelman，2002；Gupta et al.，2006；Venkatraman et al.，2007）。探索与利用在时间上进行转换的可行性与有效性也得到了实证研究的支持，如 Lavie 和 Rosenkopf（2006）实证研究发现组织可以在战略联盟领域内通过时间的转换平衡探索与利用的关系。Siggelkow 和 Rivkin（2003）通过计算机模拟也证明了组织结构在时间上的依次转换能够帮助组织在现有的发展轨道逐步完善之余转向新机会的探索。Venkatraman 等（2007）认为探索与利用的间断式平衡是基于时间顺序的双元性，是考虑了时间的探索与利用的联合效用。Rothaermel 和 Deeds（2004）研究发现生物科技企业产品创新系统依次经历探索式联盟、产品开发、利用式联盟、投入市场四个阶段。这与 Brown 和 Eisenhardt（1997）的发现是一致的，即在高度竞争和快速变化的计算机行业，那些成功的企业往往通过有规律的、基于时间的转换过程来连接现在和未来。

由于探索式研发往往发生在新产品开发的早期，产品开发的早期往往需要大量的资金投入，而后期的产品开发和完善相对投入较低，即探索式研发比利用式研发更"烧钱"（Clark et al.，1987），因此研发投入先上升后下降通常伴随着组织由早期新产品开发到后期逐步成熟投入市场的过程（Dimasi et al.，2003）。换句话说，在不同的创新阶段需要不同的创新活动，而不同的创新活动所需要的研发投入数量不同，因此研发投入在一段时期内脱离历史趋势或者偏离预期的短时、显著的变化通常意味着探索式研发和利用式研发的转换。当研发投入在短期内显著增加时，意味着企业由利用式转向了探索式研发；同样地，当研发投入在短期内显著下降时，意味着企业由探索式转向了利用式研发（Mudambi and Swift，2014）。实证研究发现，研发投入波动与组织的知识创造、新产品开发以及组织市场绩效正相关，是积极研发管理的一个可靠的指标，而显著的、脱离历史趋势的研发投入增加或下降均代表了组织在不同的研发类型之间转换（吴建祖和肖书锋，2016，2015；Mudambi and Swift，2014）。

本章用一段时期内研发投入脱离历史趋势或者预期的相对显著、紧凑的最大变化的绝对值作为研发投入跳跃的取值。从组织资源配置的时间维度来看，组织研发投入跳跃代表组织的创新资源在不同时间的分配特征，反映了组织资源配置随时间的变化；从创新活动的时间维度来看，组织研发投入跳跃代表探索式研发与利用式研发的转换，代表了间断式平衡的组织双元性，也称为时间双元性。

二、研发投入跳跃的影响因素

由于直接研究研发投入跳跃的影响因素的文献较为匮乏，因此，本章从相关领域的研究中去筛选和梳理。从不同的理论视角来看，研发投入跳跃代表的含义不同。首先，由于研发投入跳跃代表研发投入的波动情况，因此影响组织研发投入的因素也可能会影响研发投入跳跃；其次，由于研发投入跳跃是一项深刻的组织变革（Swift，2016；刘鑫和薛有志，2015），因此影响组织变革的因素也可能影响组织研发投入跳跃；最后，研发投入代表组织创新类型的转换，是组织实现双元性的途径之一（Mudambi and Swift，2014），因此影响组织双元性的因素也可能会影响研发投入跳跃。下面分别梳理研发投入波动的影响因素、组织变革的影响因素以及组织双元性的影响因素，以找出研发投入跳跃的影响因素。

（一）组织研发投入的影响因素

企业为什么要进行研发投入？因为研发投入的收益大于成本，至少从长期来讲。那么哪些因素影响企业研发投入的收益？哪些因素影响研发投入的成本？根据 Cohen（1989）的分析框架，首先，组织外部技术机会的多寡影响组织研发投入；其次，技术独占性收益激励影响组织研发投入。在此基础上，Lane 等（2006）进一步总结了影响组织研发投入的外部因素：包括外部环境中可供利用的知识的数量和其潜在价值、知识的独占性、行业需求增长速度、行业竞争情况、外部知识学习的容易程度、价格弹性等。Chen 和 Miller（2007）认为影响企业研发投入的因素包括制度方面（institutional）和情境方面（situational）。制度因素决定了企业研发投入的相对稳定的部分；情境因素决定了企业研发投入相对变化的部分，情境因素包括临近破产的程度、与目标绩效的差距、超过目标绩效的程度、冗余资源的多寡等。袁东任（2015）从企业有没有资金进行研发投入和企业决策者有没有动机进行研发投入两方面来考虑企业研发投入的影响因素，前者包括企业自有资金冗余和外部融资难易程度，后者主要指高层管理者是否会为了个人利益牺牲企业的长期利益，相关研究主要关注高管个人特征、高管激励与约束机制、公司治理等因素。文武（2015）从企业内部和外部两方面来概括研发投入的影响因素。内部因素包括：组织规模、治理结构、股权结构、资本结构以及高管层特征等；外部因素包括行业因素、融资约束因素和政府干预因素等。

由此可见，研发投入的影响因素包括高管个人层面的，如薪酬和股权激励等；高管团队层面的，如团队内部的信息处理能力和政治利益分歧与斗争等；组织层面的，如组织冗余、组织的实际绩效与目标绩效的差距、是否面临破产威胁等；公司治理层面的，如董事会规模、独立董事的比例、股权结构等；行业层面的，如行业的增长率、行业技术机会和行业竞争程度等；行业外的技术机会，如基础研究知识对企业的相关性和重要性；制度和政府干预因素，如知识产权保护制度、外部融资约束条件以及政府对企业技术创新的财政补贴和税收优惠政策等。

（二）组织变革的影响因素

第一，需要将组织变革进行定义，这里所指的组织变革是基于 Mintzberg（1978）的资源配置视角，指组织资源配置随时间的变化，与此相对应的是战略一致性（strategic persistence），即组织资源在关键战略维度上的配置模式是稳定的，基本不随时间而变（Zhang and Rajagopalan，2010）。Hutzschenreuter 等（2012）从高管变更的视角回答了组织变革的驱动力，驱动力首先源于高管认知，不同的教育背景和职业背景塑造了高管的经验和知识积累，进而影响他们的注意力分配、问题识别、备选方案界定和信息搜寻等决策过程（Wiersema，1992）。第二，源于高管的认知承诺，领导者对组织变革的开放性是不同的（Hambrick et al.，1993），管理者更愿意对以前参与或者制订的战略行动产生认知承诺（Datta et al.，2003），由此产生组织惯性阻碍组织对环境的不断适应性；同时管理者的生命周期特征也会影响管理者的认知承诺。第三，源于组织内部的规范和权力结构，如组织的资产专用性、组织文化、长期形成的组织惯例等，特别当管理者的任期较长时，形成了稳定的组织内部社会网络资本和固定的权力结构，成为阻碍变革的因素。第四，环境中变革的压力，如外部技术机会、组织对外部关系的依赖性等。此外，影响组织变革的因素还包括管理自由度、组织的路径依赖性、不同国家的文化环境特征等，如 Nakauchi 和 Wiersema（2015）研究指出，不同于美国市场化的治理环境，在日本弱市场导向的公司治理和董事会不太独立的社会环境下，高管继任与组织变革就呈现不同的规律和特征。刘鑫和薛有志（2015）基于战略变革方向的视角，检验了 CEO 继任、业绩偏离度与公司研发投入变动的关系，研究指出公司行业业绩偏离度和历史业绩偏离度增强了 CEO 继任对公司研发投入产生的负效应。组织行为理论认为当组织实际绩效与目标绩效存在差距时，组织会启动问题搜索（Greve，1998，2003），进而发动组织变革（Kuusela et al.，2017）。

依然从不同层次来总结，从高管个人层面来说，高管的认知、社会网络、管理自由度等都可能影响组织变革；高管团队层面如团队构成的多样化等。从组织层面来说，组织绩效与目标绩效的差距、组织冗余等因素依然会影响组织变革。从外部环境层面来说，环境中的技术变革、行业竞争情况的改变等任何环境的震荡都可能是组织变革的驱动因素。

（三）组织双元性的影响因素

组织双元性定义为组织追求探索与利用的平衡，同一时点上通过分离不同的组织单元来兼顾探索与利用称之为空间双元性或者结构双元性；在同一时点专注一种活动，通过时间上的转换来兼顾探索与利用称之为时间双元性或者间断式平衡。由于时间双元性的影响因素研究很少，因此本章在此梳理的时候综合了两种双元性的研究。

关于组织双元性的综述性文章很多（如 Raisch and Birkinshaw，2008；Simsek，2009；等等），根据 Lavie 等（2010）的总结，组织双元性的影响因素包括环境层面、组织层面、高管团队层面。其中环境层面包括环境动态性、外部环境冲击、竞争强度、独占性收益保护制度等；组织层面包括组织吸收能力、冗余资源、组织结构、组织文化和特征、组织年龄、组织规模等；高管团队层面包括管理者的认知和行为倾向，如时间视野、风险倾向和学习能力等。

（四）研究评述

对研发投入、组织变革和组织双元性的影响因素进行梳理不难看出，影响三者的因素非常相似，而且很广泛，涉及组织内外部的各个层面，均包括组织外部环境，如行业竞争性、行业技术机会等；组织层面，如组织冗余、组织实际绩效与期望绩效的落差、组织年龄、规模等；高管层面，包括高管认知和行为倾向、社会网络、高管团队特征等。以上研究表明，这些因素都可能会影响组织研发投入跳跃，但是目前对组织研发投入跳跃的影响因素的直接研究较为匮乏。本章在探讨研发投入跳跃的影响因素时，重点关注高管团队特征，其他因素仅作为控制变量放在模型中，因为高管团队是组织资源配置决策和行动的直接制定者和执行者，高管团队的认知和行动以及团队内部的互动对于决策所需信息的收集和处理起决定性作用。

研发投入跳跃的影响因素是研发投入、组织变革和组织双元性三者影响因素的公共部分。从内在逻辑上来说，研发投入跳跃描述了研发投入的波动情况；研发投入作为一种战略资源，其随时间的推移而变化标志着组织变革，研发投入随时间推移变化越大，表明组织变革的幅度越大。研发投入波动和组织变革均强调了组织资源配置随时间推移的变化程度。为了梳理研发投入跳跃的影响因素，需要进一步区分哪些因素影响研发投入的刚性或者哪些因素影响组织研发投入的基本不变的部分、哪些因素影响研发投入的变动部分？而研发投入的变动部分也即组织变革。因此，首先研发投入跳跃的影响因素是研发投入的影响因素的真子集，也是组织变革的子集。其次，研发投入跳跃标志着组织探索式研发和利用式研发在时间上的转换，代表了组织的时间双元性，因此研发投入跳跃的影响因素应该也是组织双元性的影响因素的子集。因此，研发投入、组织变革和组织双元性三者共同的影响因素应该就是研发投入跳跃的影响因素。这四个变量的关系如图2-8所示：三个圆分别代表研发投入跳跃的影响因素、组织变革的影响因素和组织双元性的影响因素，三个圆重叠的部分代表组织研发投入跳跃的影响因素。

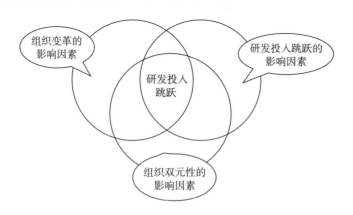

图2-8　变量的关系

三、研发投入跳跃对组织绩效的影响

由于直接分析和检验研发投入跳跃对组织绩效的影响的文献不多，为了更深入地分析研发投入跳跃对组织绩效的影响，本章从相近的研究领域中梳理零星分散的理论基础和研究证据。首先，由于研发投入跳跃代表组织创新资源配置随时间的变化，符合基于资源配置观的组织变革的定义，因此本章试图从组织变革的视角分析研发投入跳跃的影响；其次，由于研发投入在时间上的显著波动代表组织探索式研发和利用式研发在时间上的转换，符合间断式平衡的规律，代表组织追求时间上的双元性。因此，在文献梳理的过程中，除直接考虑研发投入对组织绩效的影响、组织变革对组织绩效的影响外，还考虑了组织双元性对组织绩效的影响。

（一）研发投入波动性对组织绩效的影响

研发投入波动性对组织绩效的影响研究目前并没有得出一致的结论。资源基础学派认为，组织内部研发投入是组织吸收能力形成的必要条件（Cohen，1990），是组织积累人力资本和相关知识基础的必要环节，是组织竞争优势获取和保持的重要方式。而知识的积累具有历史依赖性和渐进性，持续稳定的研发投入是组织知识基础形成和发展的关键，研发投入的波动可能会打破组织学习和知识积累的延续性，不利于组织的长期发展。战略变革学派认为，组织不断地变革才能适应技术和市场的变化，组织变革体现在资源配置模式的变化（Zhang and Rajagopalan，2010），在此基础上，Mudambi 和 Swift（2011）指出研发投入波动代表组织绩效的研发管理，有助于组织业务的扩张。财务和会计领域的学者认为，由于研究阶段的研发投入以管理费用的形式计入当期损益，当股东对内部管理者的行为缺乏有效监督时，管理者可能为了自身利益而扭曲真实的研发投入，在此情况下，研发投入波动被认为是管理者平滑利润的工具，是损害组织利益的短期行为（袁东任，2015）。

（二）组织变革对组织绩效的影响

组织变革对组织绩效的影响并没有得出一致的结论，有些学者认为是正向的，有些学者认为是负向的，还有些学者认为二者没有必然的联系（Rajagopalan and Spreitzer，1997）。积极的方面表现为，战略变革是组织的一种探索和冒险，

是对备选战略的一种深入思考和创新，能够增加组织对环境的适应性；消极的方面表现为，可能由于战略变革不恰当或者执行不好而带来破坏性影响，并且战略变化幅度越大，对组织的破坏性越大（Zhang and Rajagopalan，2010）。由于组织变革需要组织重构内部能力并获取新资源，不管对管理者个人还是对于组织系统来说，吸收能力都是有限的，都没有办法在短时期内有效吸收和转化大量新资源和新实践，因此，组织偏离原来的模式越远，越难以驾驭，导致组织系统和管理能力成为成功变革的关键制约因素（Penrose，1959）。

组织吸收能力调节战略变革对组织绩效的影响。由于组织变革的风险主要在于管理者和组织很难在短时期内建立与新实践匹配的能力和资源，因此没有办法消化和利用新资源和新实践。而一定程度的新旧知识的重合有助于组织获取新能力和新知识（Ahuja and Katila，2001），当组织自身的知识积累越多、越扎实时，也增强了其对新知识的消化吸收能力，因此能够降低组织变革的风险。

（三）组织双元性对组织绩效的影响

组织双元性对组织绩效的积极影响得到了大量理论和实证研究的证实（如He and Wong，2004；Raisch et al.，2009；等等）。学者争论的焦点在于如何实现组织双元性，因为探索与利用活动的内在冲突，以及探索与利用活动的自我强化功能，组织很难做到双元性（Lubatkin，2006）。结构双元和时间双元都只是实现组织双元性的路径而非状态（Simsek et al.，2009）。从资源配置的视角来看，资源配置在时间上的变化仅仅是从现象或者特征观察到组织行为的本质，但是具体的执行过程以及最终组织能否真正实现双元性状态还需要更多的配套行动，如组织结构、流程、惯例、奖惩体系甚至文化价值的配套的改变。

组织双元性收益的大小还取决于外部环境的动态性（Uotila et al.，2009）。一方面，当外部动态性较低时，组织没有必要启动探索程序；而当环境动态性较高，特别是技术动态性较高时，组织现有竞争优势过时得很快，组织面临着核心能力很快过时的威胁，因此不得不进行探索。另一方面，外部环境的动态性也为组织提供了机会，增加了探索成功的概率。

（四）研究评述

研发投入跳跃对组织绩效的影响应该考虑组织变革的收益和风险、组织双元性的收益和成本以及研发投入波动的成因。首先，基于资源配置的组织变革具有两面性，既能通过变革提高组织对环境的适应性，也可能因不恰当的变革或者变革过程操作不当而导致组织动荡，进而带来风险；其次，时间双元性是组织双元性的实现方式之一，探索与利用的适时转换能够帮助组织实现双元性；最后，基于短期行为，如为平滑组织绩效而进行的研发投入增加或者减少不利于组织绩效，但是基于战略发展需要而进行的研发投入的增加或者降低有助于组织绩效，但是往往很难区分这两种动机。

研发投入跳跃对组织绩效的影响具有不确定性，应该充分考虑跳跃可能带来的收益和风险，但目前直接分析和检验研发投入跳跃对组织绩效的影响的文献不多，现有的研究要么强调研发投入跳跃的收益，要么强调其风险。例如，Mudambi 和 Swift（2014）研究发现研发投入跳跃对组织的知识创造、新产品开发和组织市场绩效均具有正向影响，表明研发投入跳跃确实能够代表组织对研发投入的积极管理，特别地，当组织的研发投入发生正向跳跃的当年及其后两年，组织知识创造的广度和突破性创新的概率均有所提高，代表研发投入正向跳跃确实代表组织从利用式研发转向了探索式研发。Swift（2016）揭示了研发投入跳跃的另外一面——风险，作者研究了研发投入跳跃与组织死亡率的关系，发现研发投入跳跃的当年及其后两年，组织的死亡率显著上升，表明研发投入跳跃作为一种深刻的组织变革潜藏风险。在中国，吴建祖和肖书锋（2015，2016）运用中国上市公司的数据分析并检验了研发投入跳跃对组织绩效的影响，结果证实研发投入跳跃正向促进组织绩效。

四、市场化进程对研发投入跳跃和组织绩效的影响

当前我国正处于经济转型期，即正式的、市场化的制度体系还没有完全建立，基于规则的、一般性的、以市场竞争为中心的交易结构还没有完全取代基于关系的、私人化的、以网络为中心的交易结构（Peng，2003）。我国政治上集权、经济上分权的制度特点，使地方政府具有较大的经济自主权，有权力对微观组织施加直接或者间接的影响（孙早等，2014；张敏等，2015），同时由于我国梯度式开放和渐进化的市场化改革，使我国各地区的市场化进程具有较大差异，即有些地区的市场化进程较快，表现为政府对微观企业的干预更少；非国有经济的比重更大；要素市场和产品市场的发育更为健全；地方政府执法的公正性和效率更

高；市场中介组织的发育更为健全等。但是有些地区的市场化进程较为缓慢，表现为政府对企业的过度干预；产品市场竞争不充分；金融市场、资本市场和技术市场发展相对落后；地方公检法机关执法效率不高，微观组织的产权得不到有效保护等（王小鲁等，2017）。由于市场化水平决定了地区经济发展的各种正式和非正式的制度体系（杨兴全等，2014），正式化和非正式化的制度体系对组织战略和绩效具有重要影响（Peng，2003），因此市场化进程对组织资源配置以及资源配置效率的影响得到了我国学者的广泛关注。例如，杨兴全等（2014）考察了市场化进程对管理层权力与组织现金持有的影响，研究发现市场化制度的完善能够抑制组织现金持有的数量，并且降低组织现金持有对组织绩效的负效应。李慧云和刘镝（2016）考察了市场化进程对企业自愿性信息披露与权益资本成本关系的影响。靳庆鲁等（2010）研究了市场化进程对企业增长价值与清算价值的影响，发现市场化进程的提高有助于增加盈利能力强者的增长价值，也有助于提高盈利能力差者的清算价值。李文贵和余明桂（2012）检验了市场化进程对企业所有权性质和企业风险承担行为关系的影响。杨兴全和曾春华（2012）研究发现市场化进程强化了公司多元化经营与公司现金持有价值的负向关系。纪晓丽（2011）研究发现市场化进程不仅影响企业研发强度，而且影响企业专利成果转化。

综上，理论研究和实证研究均表明地区的市场化进程对微观组织的资源配置战略以及配置效率具有重要影响，但是现有学者鲜有研究市场化进程对微观组织研发投入跳跃与组织绩效的影响。此外，由于市场化进程是一个相对综合的指标，若能具体分析哪些维度对组织研发投入跳跃与组织绩效产生影响及如何影响，则对组织资源配置决策与政府改革具有更切实的启示意义。

第三节　本章小结

本章首先介绍了用到的主要理论：探索与利用理论、高阶理论和组织双元性。其次围绕本书的关键概念——研发投入跳跃，回顾并梳理了研发投入跳跃的理论内涵，前因和后果研究，以及在我国市场化制度不太完善而且各个地区存在显著差异的背景下，市场化进程对微观组织的资源配置战略与组织绩效的影响的相关研究，在此研究基础上发现：

第一，研发投入跳跃的理论内涵在于其代表了探索式研发与利用式研发在时间上的转换，代表了组织通过研发投入在时间上的分配来平衡长期与短期、效率和柔性；也代表了基于资源配置视角的组织变革。目前，研发投入跳跃对组织绩效和组织有效性的研究还比较少，现有的研究表明，研发投入跳跃对组织绩效具有正向影响，由于研发投入跳跃代表了深刻的组织变革，重大组织变革存在较大的风险，进而影响组织生存。那么研发投入跳跃的风险是否也能在组织绩效当中发现端倪呢？因此，研发投入跳跃对组织绩效的影响需要更全面地综合考虑其风险和收益。

第二，现有研究忽略了我国特殊的制度背景对研发投入跳跃与组织绩效关系的影响。由于地区的正式和非正式的制度环境对组织战略和绩效具有重要的影响（Peng，2003），因此，值得进一步分析和检验我国转型经济背景下，正式化的市场化制度尚未完善之时，是否会对二者的关系产生影响以及如何影响。

第三，关于组织研发投入跳跃的影响因素研究很少，吴建祖和肖书锋（2016）基于高管团队的注意力基础观对组织研发投入跳跃的影响因素进行了分析和检验，然而高管团队的注意力从探索式转向利用式，与组织研发从探索式转向利用式，两组概念之间的相似程度极高，并没有直观地回答哪些因素影响研发投入跳跃。因此，需要进一步探讨研发投入跳跃决策是如何做出的、哪些因素影响研发投入何时跳跃与跳跃幅度。通过相关理论梳理发现，影响研发投入跳跃的因素非常广泛，包括组织外部环境、组织层面以及高管团队层面。根据高阶理论，高管团队的认知和行为倾向对组织内外部信息起过滤和扭曲作用，而高管团队特征能够反映高管的认知和行为，本章再次从组织资源配置的视角来分析和检验高管团队特征对组织研发投入跳跃的影响，不但为高阶理论增加了新的实证证据，而且有助于理解组织研发投入跳跃是如何决策的，即哪些因素影响是否跳跃、何时跳跃以及跳跃方向。

第三章 研发投入跳跃对组织绩效的影响

第一节 问题的提出

研发投入是组织知识创造和技术创新的重要代理变量（Qian et al.，2017；Cohen and Levinthal，1989；He and Wang，2009）。现有文献从静态视角对研发投入的水平、强度等问题进行了大量的研究（Bromiley et al.，2017），但对研发投入的变化趋势关注较少，本章将沿着研发投入动态变化这一分支探讨研发投入的波动对绩效的影响。研发投入的波动是一个具有争议的信号：部分学者认为研发投入的波动是高管进行"收入操纵"的结果，是"近视症"的表现（Gentry and Shen，2013；Heyden et al.，2017；Zona，2016）；然而也有学者认为研发投入波动代表企业主动适应环境、追求创新和获取竞争优势的过程（Mudambi and Swift，2011）。此后，为了衡量一定时期内组织研发投入的最大波动幅度对组织绩效的影响，Mudambi 和 Swift（2014）引入了"研发投入跳跃"的概念，指出研发投入跳跃是组织进行探索式研发与利用式研发转换的代理变量，代表组织通过时间上的转换来平衡探索与利用，以实现组织间断式平衡双元，因此对组织的创新绩效和市场绩效均具有正向影响；在此基础上，吴建祖等（2015，2016）认为研发投入跳跃是企业在探索式创新和利用式创新之间移动的标志，利用中国上市公司数据也得出了研发投入跳跃幅度越大，组织绩效越高。然而，这可能只是"故事"的一半，应该认识到研发投入跳跃作为一种根本性的组织变革是有风险的，比如 Swift（2016）研究发现跳跃幅度越大、风险越大，导致组织失败的概率越高。由此可见，研发投入跳跃对组织绩效的影响可能不是简单的线性关系，应该更为辩证地看待研发投入跳跃的收益和风险，因此研发投入跳跃与组织绩效的关系有待进一步分析和检验。

鉴于此，本章根据间断式平衡理论，建立了一个收益—风险分析框架，系统地分析和检验研发投入跳跃对组织绩效的影响，在此基础上，本章还将考虑不同的组织情境对二者关系的影响，即考察行业的技术动态性和组织吸收能力的调节作用，以此深化组织研发投入管理和间断式平衡双元相关研究。

第二节　理论基础与研究假设

一、间断式平衡与研发投入跳跃

间断式平衡最早用来描述特定时期内组织和技术演化的规律（Tushman and Anderson，1986；Anderson and Tushman，1990）。由于技术的完善是一个长期循序渐进的过程，而随机出现的突破性技术则会打破现有的技术发展速度或者轨道，带来新的可能性和不确定性。并且那些创造不连续性或者突破性技术的组织比技术跟随者能够获得更多超额利润（Tushman and Anderson，1986）。Anderson 和 Tushman（1990）将种群生态理论中的"变异—筛选—保持"概念引入技术循环周期中，认为技术的突破性创新开创了一个动荡期，在此期间各种原始创新开始迸发并相互竞争，最终一个占优势的设计会脱颖而出，在竞争中胜出的技术设计会在接下来的较长时期内得到慢慢完善直到下一个引导技术动荡的突破性技术出现。组织结构的演化过程也可理解为长期的渐进变化和适应过程被短期的不连续变化打破，进行再定位，然后进入新的渐变过程，渐变以本地学习和局部完善为主，剧变则具有整体性、系统性、一定的随机性和破坏性（Miller and Friesen，

1982）。Ramanelli 和 Tushman （1994）通过微型计算机制造商的纵向研究指出，大部分组织变革都是不连续的，能够在较短时间内完成而非持续较长的时间，并且在组织战略、结构和权力分配方面的渐进性变化并不能通过积累而达到根本性变革，即渐变和剧变是两种不同性质的变革，并不能相互替代。因此，间断式平衡主要通过时间的转换来平衡两种相互排斥但又相互联系的活动，如技术创新的连续性与突破性、组织结构变革的渐进性与革命性。

由于探索与利用的内在矛盾（March，1991；Smith and Lewis，2011），间断式平衡也被学者视为平衡组织探索与利用活动的重要策略（Burgelman，2002；Mudambi and Swift，2011）。长期的利用活动和短时集中的探索活动在时间上的循环提供了协调探索与利用内在冲突的逻辑框架（Gupta et al.，2006），即将组织的适应过程分为一系列离散的时期，每个时期专注于特定类型的活动以最大化可供利用的机会，通过跨时取舍平衡探索与利用（Burgelman，2002；Gupta et al.，2006；Venkatraman et al.，2007）。探索与利用在时间上进行转换的可行性与有效性也得到了实证研究的支持，如 Lavie 和 Rosenkopf（2006）实证研究发现组织可以在战略联盟领域内通过时间的转换平衡探索与利用的关系。Siggelkow 和 Rivkin（2003）通过计算机模拟也证明了组织结构在时间上的依次转换能够帮助组织在现有的发展轨道逐步完善之余转向新机会的探索。Venkatraman 等（2007）认为探索与利用的间断式平衡是基于时间顺序的双元性，是考虑了时间的探索与利用的联合效用。Rothaermel 和 Deeds（2004）研究发现生物科技企业产品创新系统依次经历探索式联盟、产品开发、利用式联盟、投入市场四个阶段。这与Brown 和 Eisenhardt（1997）的发现是一致的，即在高度竞争和快速变化的计算机行业，那些成功的企业往往通过有规律的、基于时间的转换过程来连接现在和未来。

近年来，探索与利用以及二者的间断式平衡框架已拓展至研发管理领域，如Mudambi 和 Swift（2011）率先基于研发情境研究了探索和利用的时间转换对组织绩效的影响。根据 March（1991）的经典定义，基于研发的探索（也称探索式研发）包括实验、增加多样性和承担风险等性质的活动（Swift，2016），它旨在寻找新的资源以更新或者改变现有的竞争地位，往往需要跨越组织与技术边界以致力于非本地知识搜索、整合不同的知识类型以带领组织走向一个新的技术轨道

（Mudambi and Swift，2014；Argyres，1996；Rosenkopf and Nerkar，2001）；而基于研发的利用（也称利用式研发）包括完善、执行和提高效率等性质的活动（Swift，2016），它旨在将现有的能力和资源变现，即在现有的技术模式下完善和提高组织现有的技术和产品以适应当前客户的需要。利用式研发往往局限于特定的相对狭窄的技术领域，与知识创造的深度正相关；而探索式研发追求相对宽泛的技术领域，与知识创造的广度正相关（Katila and Ahuja，2002）。探索式研发往往通过小范围测试与自由联系来增加经验的多样性，而利用式研发则通过专注和改进生产过程来增加经验的稳定性（Holmqvist，2004）。探索式研发一般处于新产品开发的早期，而利用式研发旨在完善和改进其现有产品的性能、生产工艺和流程（Benner and Tushman，2003）。由于在产品开发的早期往往需要大量的资金投入，而后期的产品开发相对投入较低，即探索式研发比利用式研发更"烧钱"（Clark et al.，1987），因此研发投入先上升后下降通常伴随着组织由早期新产品开发到后期逐步成熟投入市场的过程（Dimasi et al.，2003）。换句话说，在不同的创新阶段需要不同的创新活动，而不同的创新活动所需要的研发投入数量不同，因此研发投入在一段时期内脱离历史趋势或者偏离预期的短时、显著的变化通常意味着探索式研发和利用式研发的转换。当研发投入在短期内显著增加时，意味着企业由利用式研发转向了探索式研发；同样地，当研发投入在短期内显著下降时，意味着企业由探索式研发转向了利用式研发（Mudambi and Swift，2014）。实证研究发现，研发投入波动与组织的知识创造、新产品开发以及组织市场绩效正相关，是积极研发管理的一个可靠的指标，而显著的、脱离历史趋势的研发投入增加或下降均代表了组织在不同的研发类型之间转换（吴建祖和肖书锋，2016，2015；Mudambi and Swift，2014）。

总之，研发投入的短时、显著地波动（跳跃）代表了组织在探索式研发和利用式研发之间的转换，反映了一定时期内组织间断式平衡创新的战略选择；再加上研发投入是一个可以在上市公司报表中查找到的数据指标，为长期纵向的追踪研究提供了可能性，因此研发投入跳跃是观测组织创新战略类型转换的一个良好的代理指标。本章用一段时期内研发投入脱离历史趋势或者预期的相对显著、紧凑的最大变化的绝对值（研发投入跳跃）作为组织采取间断式平衡创新战略的一个代理变量。

二、间断式平衡的收益风险分析

组织的长期适应过程伴随着高管注意力和组织资源在探索与利用之间依次轮流分配（Gupta et al.，2006）。这种基于时间导向的、动态的平衡机制与现代权变观点不谋而合，即匹配是一个动态过程而非静态的资源配置，组织必须不断地根据内外部环境的变化对资源进行重新配置（Raisch et al.，2009）。通过创新资源的再配置，组织不仅能够最大程度地提高现有资源的利用效率，还能够不断评估环境中的机会和威胁，在新机会出现时整合资源探索新的可能性，寻找新技术和新产品。根据间断式平衡理论，在技术环境相对平稳时，组织以技术的完善和工艺的改进为主，借此提高组织效率；当技术环境发生剧烈的变化时，需要组织进行根本的创新类型的转换，以探索新的技术轨道，此时渐进性的改进和完善已经不能为组织带来额外的收益。因此，研发类型的实时转换不仅关系到组织的短期利益，也能够帮助组织顺利转换技术轨道，赢取长期的领先地位。

虽然间断式平衡能够让组织在较长的时间内实现探索与利用的动态平衡，既能够保持组织的灵活性以获取先动优势，又能够通过不断利用与完善捍卫组织既有的竞争优势（Adler et al.，1999）。然而转换作为一种深刻的组织变革，需要克服组织惯性，要求组织调整组织架构、奖惩体系甚至规范和价值观以适应新的创新活动，这种转换本身也是有风险的（Swift，2016；Brown and Eisenhardt，1997；Tushman and Anderson，1986）。

风险可能来自对转换时点的错误判断（Swift，2016）。首先，由于研发项目的结果具有随机性，即很难预测什么时候会出现重大的具有商业价值的研究成果（Anderson and Tushman，1990）；其次，研发过程难以观测，这就造成了组织研发投入的决策者与项目经理和研发人员的信息不对称，即高管层很难判断项目经理和研发人员提供的项目进展和前景是否真实；再次，组织的决策者即高管和董事会往往更注重研发项目的商业价值，而研发人员则更加看重项目的研究价值或者学术价值，目标的不一致也导致高管与研发人员很难充分交流和掌握全面信息（Mudambi and Swift，2009）；最后，由于研发类型的转换不是一项经常发生的高频事件，经验和历史数据很难奏效，这就意味着高管在处理何时转换这类问题时，理性决策技术失效，决策风险增加（March，1991，2006）。对转换时点的判断失误最终体现为转换的现实成本或者机会成本，并且研发投入的跳跃幅度越大，风险也越大。例如，过早地从探索转到利用，可能错失继续探索带来的具有前景的技术成果（Swift，2016）。这种风险不仅体现在组织的死亡率上，也体现在组织的长期绩效方面（Uotila et al.，2009）。

风险也可能来自转换的过程（Swift，2016）。在探索与利用之间转换是重大的组织变革，需要克服组织结构、流程规范和文化等各方面惯性，也需要克服组织学习过程中的路径依赖问题，如 Ahuja 和 Lampert（2001）指出在位企业进行突破式创新需要克服熟悉陷阱、成熟陷阱和近亲搜寻陷阱。再者，创新活动类型的转换，涉及组织方方面面的调整：上至组织战略层面，是强调短期盈利导向还是旨在重大技术突破；下至员工个人驱动力层面，是依赖外在驱动还是内在驱动，是鼓励冒险和创造性还是鼓励聚焦和本分（Andriopoulos and Lewis，2009）。此外，研发类型的转换通常伴随着研发人员薪酬激励体制的调整和研发人员地位序列的变化。特别地，当面临研发投入剧烈的下降时，意味着研发人员的裁员或者流失，将给组织带来大量人力资本损失（Barney，1991）。而短时大幅增加研发投入可能将整个组织置于更高的风险水平上，由于探索性研发本身的首创性、高风险性、系统性和对现有技术能力的破坏性，它不允许组织从过去的行为反馈中学习，甚至也没有机会挽救和完善（Miller and Friesen，1982）。因此"摸着石头过河"，即 March（2006）所指的限制探索的筹码，小步探索而非大踏步迈进可能是探索的一个战略选择，因为小步摸索的过程可以区分好点子和坏点子，将有限的资源用在好的探索项目上，从而提高探索的方向和效率。因此，从年度研发投入波动性来观测探索与利用的转换风险：缓慢的转换，研发投入波动相对较小，转换的阻力更小，风险也更小；跳跃幅度大，表明组织在相对较短的时期内发生了剧烈的变革，短时剧烈的变革带来的问题是没有为组织学习提供充裕的时间，可能导致一定程度的混乱。

综上所述，通过探索与利用的间断式平衡，组织既能够在现有的技术和产品上捍卫现有的竞争优势获取超额收益，又能够在新机会来临时取得先动优势。然而也应该认识到探索与利用之间转换的风险。转换幅度越大，风险也越高，特别是当转换幅度过大时，组织的风险可能会超过双元性带来的好处。因此本章提出以下假设：

假设 1：随着跳跃幅度的增加，跳跃对绩效的积极作用会减弱，而当研发投入跳跃幅度达到一定程度之后（拐点），探索与利用之间转换的风险就会凸显，反而不利于组织绩效，即研发投入跳跃与组织市场绩效呈倒 U 形关系。

三、调节效应

组织对外部知识的搜寻、消化、转化和利用能力能够帮助组织更有效地转换创新活动类型，因为吸收能力不仅能够帮助企业识别和利用内部知识和资源，还能够帮助企业识别、评价和利用外部知识（Rothaermel and Alexandre，2009）。这种能力源于组织的内部知识和人力资本的长期积累，也源于对 R&D 的持续投入（Cohen and Levinthal，1989，1990）。Tilton 对半导体行业的研究发现，内部研发为企业提供了独特的技术能力，这种能力不仅能够让企业了解行业最新技术，还能够帮助企业接触和消化其他领域的新技术（Lane et al.，2006）。这种能力有助于组织判断何时应该进行转换，降低过早或者过晚转换带来的风险。Cohen 将吸收能力分为两部分，外部导向和内部导向，前者侧重于外部知识的获取和消化，后者侧重于内部知识的转化和利用，其中内部知识的转化和利用以组织内部不同部门之间充分的沟通和合作为基础（Cohen and Levinthal，1990）。换言之，部门之间的信息交流作为吸收能力的一部分，有助于消除组织内部的信息不对称，帮助管理者更好地判断何时应该进行研发类型的转换；对外部知识的识别和消化，能够帮助企业提前进入新的技术轨道，大大降低内部摸索的不确定性和风险。获取与消化能力强调知识的探索，而转换和利用能力强调知识的利用，探索为利用提供了多样性的选择空间，而利用为进一步探索提供了资源支撑（Lavie et al.，2010）。Zahra 等（2002）也得出了类似的结论，潜在吸收能力强调知识的探索，而现实吸收能力强调知识的应用，二者相互促进。因此，吸收能力是探索与利用相互促进的必要条件，吸收能力强的组织，其在探索式研发与利用式研发之间转换的成本和风险更小。因此本章提出以下假设：

假设 2：组织吸收能力调节研发投入跳跃与组织绩效的关系，即当组织自身的吸收能力更高时，会降低探索与利用转换带来的风险，研发投入跳跃对绩效的拐点会更高。

环境动态性增加了组织创新和探索的重要性（Uotila et al.，2009）。在高动态性,特别是高技术动态性的环境中,组织所面临的机会更多,这种机会增加了组织探索成功的概率(Zahra,1996)。同时也缩短了组织现有技术和产品的生命周期,既有竞争优势过时得也更快,过度利用的风险会更大(Sørensen and Stuart,2000)。由此可见,在技术动态性较高的环境中,机会出现得快但过时得也快,需要组织能够快速调动组织资源以迅速占领先动优势,也需要及时清算过时的研发项目将资源进行转移。而在相对稳定的环境中,在现有的技术基础上逐步积累稳步提高是最好的选择(Henderson et al.,2006),因为知识过时得慢,今天的知识和经验的积累放在明天依然有用;相对而言,探索式研发的不确定性高、回报周期长(March,1991)。因此,在相对稳定的环境中,研发投入的波动可能会打破组织现有的学习和提高过程,不利于现有产品和技术的完善和效率的提高;而在高度动态性的环境中,实时转换轨道和调整研发投入能够抓住稍纵即逝的机会,赢得组织的持续发展。因此本章提出以下假设:

假设 3:技术动态性调节研发投入跳跃与组织绩效的关系,即当组织所处的行业技术动态程度更高时,研发投入跳跃对组织绩效的积极作用更大,拐点会更高。

第三节 研究设计

一、样本选取与数据来源

本章选择 2007~2015 年我国沪深两市 A 股一般企业(即不包括金融类上市公司)作为初始研究样本。根据研究需要,本章对原始数据做了以下筛选和调整:①仅保留连续 5 年及以上有研发投入观测值的样本;②剔除明显奇异样本值,如销售收入为负;③剔除 2009 年 12 月 31 日之后上市的企业;④剔除研究变量在公司/年度中数据缺失的样本。最终获得 867 家公司的 5715 条观测数据。本章数据来源于 Wind 数据库和 CCER 数据库。

二、变量设计

1. 组织绩效（Tq）

本章主要考察研发投入偏离历史趋势的程度对组织绩效的影响，即主要关注探索式研发和利用式研发的转换对组织绩效的影响。由于探索的成效一般在远期显现，而利用的成效一般在近期显现，因此不适合用诸如资产回报率、利润率等会计指标来衡量（Uotila et al.，2009）。本章采用托宾 Q（Tq），一个既能反映短期绩效又能反映长期绩效的市场指标（Lubatkin and Shrieves，1986），作为衡量组织绩效的代理变量。托宾 Q＝组织的市场价值/重置成本，其中重置成本用账面价值来估计（吴建祖和肖书锋，2016）。如果托宾 Q 值大于 1，表明组织正在创造价值。

2. 研发投入跳跃（Leap）

借鉴 Mudambi 等和吴建祖等的测量方法（Mudambi and Swift，2014；吴建祖和肖书锋，2015，2016），取 2007~2015 年公司研发投入 GARCH 模型学生化残差的绝对值的最大值作为研发投入跳跃的取值，该模型可以计算一定时期内脱离历史趋势或者预期的研发投入的最大波动程度（即跳跃）并记录其跳跃发生的时间。为了克服样本的时间跨度（2007~2013 年的研发数据）过少的不足，吴建祖等采用季度的研发投入数据作为分析的起点（吴建祖和肖书锋，2015，2016）。但是由于很多公司的季报中研发投入数据缺失，使用季度数据会带来大量的缺漏值，不利于模型的准确性和样本的完整性，因此本章在权衡了时间跨度和样本的完整性后，最终确定以 2007~2015 年的研发投入数据作为计算的起点。其计算过程如下：

第一，构建 GARCH 模型，估计研发投入增长的发展趋势，在此基础上计算偏离历史趋势的研发投入残差（e_{it}）。研发投入残差能够衡量在 2007~2015 年时间跨度内，历年的组织研发投入偏离预期的程度或非预期的研发投入的波动程度，如果残差很小，表明组织的年度研发投入较为平稳。

第二，为了提高不同组织的研发投入波动程度的可比性，我们对残差进行了学生化处理，除以残差生成过程的标准差，即

$$e_{it}(stud) = \frac{e_{it}}{s_i\sqrt{(1-h_{it})}}$$

其中，s_i 为 e_{it} 的标准差，h_{it} 为调整 s_i 的杠杆。

第三，计算学生化残差的绝对值的最大值，即

$$e_i(\max) = \text{Max}_t \left| e_{it}(stud) \right|$$

其中，$2007 \leqslant t \leqslant 2015$。

$e_i(\max)$ 衡量该时期内，研发投入非预期波动的最大程度。如果在该段时期内，组织的研发投入基本平稳，则 $e_i(\max)$ 的取值相对较小；如果在该段时期内仅仅发生一两次大的研发投入的变化，则 $e_i(\max)$ 的取值相对较大；值得注意的是如果组织在该段时间内研发投入多次发生大的变化，则 $e_i(\max)$ 的取值也较小，因为学生化残差等于残差的预期值除以预期的标准差，如果组织经常发生大的研发投入变动，则预期的方差或者标准差也较大，两者相除的结果自然也较小。因此只有当组织具有一个长期稳定的研发投入预期时，研发投入突然的上升或者下降才会导致 $e_i(\max)$ 的值较大（Mudambi and Swift，2014）。

第四，为了检验研发投入跳跃对组织市场绩效的影响，本章构建了一个变量（Leap），设置组织的研发投入跳跃当年及其后的取值为 $e_i(\max)$，其他时间的取值为 0，即

$$Leap = \begin{cases} e_i(\max) & \text{当 } year \geqslant year_T \text{ 时} \\ 0 & \text{当 } year < year_T \text{ 时} \end{cases}$$

其中 $year_T$ 为组织研发投入跳跃的发生年份，$2007 \leqslant year \leqslant 2015$。

这个过程是为了保证研发投入跳跃这一最近的历史事件对组织市场绩效的影响，并排除未来研发投入预期的影响。该变量与 Mudambi 等的定义方法保持一致（Mudambi and Swift，2014），有利于与已有文献进行对话。

3. 技术动态性（Envir）

沿用已有文献的测量方法（Uotila et al.，2009），本章用行业平均研发强度来度量组织所处技术环境的动态性。首先，根据中国证监会 2001 年的《上市公司行业分类指引》CSRC 代码来确定行业大类。① 其次，分别计算每一类中所有上市公司的研发投入和销售收入的总和。最后，计算二者的比值，即 Envir ＝ 行业

---

① 2012 年及之后的行业分类根据中国证监会 2012 年的《上市公司行业分类指引》CSRC 代码来确定行业大类。

研发投入之和/行业销售收入之和。

4. 组织吸收能力（Acap）

吸收能力通常用组织的研发强度来衡量（Cohen and Levinthal，1989，1990），本章沿用这一测法，即 Acap＝企业的研发费用/销售收入。

5. 控制变量

参照已有文献（吴建祖和肖书锋，2015，2016；Mudambi and Swift，2014），本章也控制了组织规模、组织盈利状况、组织增长情况、组织资产构成、组织多元化程度、行业竞争情况等影响组织绩效的变量。其中组织规模采用销售收入的对数（Size）来衡量；组织盈利状况用每股净收益（Pershar）来衡量；组织增长用营业收入增长率（Revrat）来衡量；组织资产构成用权益乘数（Em）来衡量；组织多元化程度采用销售收入行业构成的熵值（Eiv）来表示，即 $Eiv = \sum p_n \times \ln(1/p_n)$，其中 p_n 表示组织销售收入的构成中，第 n 大行业销售额占销售总收入的比重，$n = 1 \sim 5$；本章用流动比率（Curat）作为未吸收冗余的衡量指标加以控制；行业竞争情况本章采用行业集中度（Hhi5）来度量，即行业内销售额前五名的企业的销售额占行业总收入的百分比的平方和。

各变量定义如表 3-1 所示。

表 3-1　变量定义

变量类别	变量符号	变量名称	变量定义
因变量	Tq	托宾 Q	组织的市场价值/重置成本
自变量	Leap	研发投入跳跃	研发投入 GARCH 模型的学生化残差的最大值
调节变量	Acap	组织吸收能力	组织的研发投入强度＝研发费用/销售收入
	Envir	技术动态性	行业平均研发强度
控制变量	Revrat	营业收入增长率	（本期营业收入－上期营业收入）/上期营业收入
	Pershar	每股收益	净利润/股本总数
	Em	权益乘数	资产总额/股东权益总额
	Size	组织规模	组织销售收入的常用对数
	Curat	流动比率	流动资产/流动负债
	Eiv	多元化程度	销售收入行业构成的熵值 $Eiv = (\sum p_n \times \ln(1/p_n))$
	Hhi5	竞争程度	行业销售收入的赫芬达尔指数，行业内销售额前五名的企业的销售额占行业总收入的百分比的平方和

三、模型设定

为检验研发投入跳跃对组织绩效的非线性关系，本章设定模型：

$$y_{it} = \gamma_1 x_{it} + \gamma_2 x_{it}^2 + z'_{it}\beta + \mu_i + \varepsilon_{it} \tag{3-1}$$

其中 y_{it} 为被解释变量 Tq，x_{it} 为解释变量 $Leap$，x_{it}^2 为解释变量的二次项，γ_1、γ_2 分别为解释变量 $Leap$ 和其平方的回归系数，z'_{it} 为控制变量组成的向量，β 为回归系数向量，μ_i 为不随时间推移的个体效应变量，如组织创始人植入的企业文化传统或者基因等，ε_{it} 为误差项。本章沿用 Hanns 等（2016）对倒 U 形曲线的检验标准进行检验：第一步，γ_2 显著为负；第二步，假设 X_L 为 $Leap$ 取值范围的最小值，X_H 为 $Leap$ 取值范围的最大值，则 X_L 处的斜率为正，X_H 处的斜率为负，即 $\gamma_1 + 2\gamma_2 X_L$ 显著为正，$\gamma_1 + 2\gamma_2 X_H$ 显著为负；第三步，拐点即 $-\gamma_1/2\gamma_2$ 落在 $Leap$ 的取值范围内。

为了检验技术动态性和组织吸收能力的调节作用，本章设定包含交互项的模型：

$$y_{it} = \gamma_1 x_{it} + \gamma_2 x_{it}^2 + \gamma_3 x_{it} m_{it} + \gamma_4 x_{it}^2 m_{it} + \gamma_5 m_{it} + z'_{it}\beta + \mu_i + \varepsilon_{it} \tag{3-2}$$

其中 m_{it} 为调节变量，其他变量的含义与公式（3-1）一致。对 U 形或者倒 U 形曲线的调节效应的分析分为两个维度，首先是拐点的位置是否发生移动，向左移动还是向右移动；其次是曲线的形状的变化，更陡峭了还是更平缓了。对式（3-2）求导并令其倒数等于 0，可得拐点的位置 $X^* = \dfrac{-\gamma_1 - m\gamma_3}{2\gamma_2 + 2m\gamma_4}$，可见拐点的位置不仅与 γ_1、γ_2、γ_3、γ_4 相关，还与调节变量 m_{it} 的大小相关；而曲线形状的变化仅由二次项的系数 γ_4 决定（Haans et al.，2016）。

第四节　实证检验与结果分析

一、描述性统计

通过描述性统计，发现研发投入跳跃（Leap）的均值为 0.711，标准差为

2.186，原因主要是样本中有四个观测值大于 20 的奇异值，为了避免严重离群值对结论的干扰，本章删除了四个离群值，删除后研发投入跳跃的标准差下降0.405，变为 1.781。此外，本章还对标准差远大于均值的变量进行了 Winsorize处理，处理后的变量分布情况如表 3-2 所示。表 3-3 列出了各变量的相关系数和显著性水平，从中可得：①解释变量均与组织绩效（Tq）显著相关，这也进一步表明了变量选取的合理性。②组织绩效（Tq）与研发投入跳跃（Leap）的相关系数显著为负（-0.119），这初步验证了跳跃的风险和成本，与吴建祖等的跳跃程度越高、绩效越好形成了对比（吴建祖和肖书锋，2015，2016）。③研发投入跳跃（Leap）与技术动态性（Envir）的相关系数（0.263），以及技术动态性（Envir）与吸收能力（Acap）的相关系数（0.440）均显著为正，这与现有研究结论是一致的，即研发投入强度由情境因素和制度因素共同影响，其中制度因素（主要指行业因素）能够解释研发投入强度的大部分，特别是研发投入强度变动的部分（Chen and Miller，2007）。

表 3-2　变量的描述性统计

变量	均值	标准差	最小值	中位数	最大值
Tq	2.209	2.074	0.066	1.618	33.475
Leap	0.656	1.781	0.000	0.000	17.356
Envir	0.015	0.010	0.000	0.016	0.043
Acap	0.029	0.031	0.000	0.023	0.177
Revrat	13.939	27.346	-43.314	11.127	121.133
Pershar	0.332	0.466	-0.920	0.240	2.170
Em	2.245	1.214	1.068	1.875	8.024
Size	21.439	1.466	15.932	21.303	28.689
Curat	2.066	2.009	0.392	1.447	13.176
Eiv	0.388	0.407	0.021	0.183	1.604
Hhi5	0.278	0.092	0.201	0.245	0.965

表 3-3　Pearson 相关系数矩阵

	Tq	Leap	Envir	Acap	Revrat	Pershar	Em	Size	Curat	Eiv	Hhi5
Tq	1.000										
Leap	-0.119***	1.000									
Envir	0.100***	0.263***	1.000								
Acap	0.311***	0.141***	0.440***	1.000							
Revrat	0.121***	-0.104***	-0.176***	-0.012	1.000						
Pershar	0.163***	0.029**	-0.132***	0.037***	0.322***	1.000					
Em	-0.331***	0.154***	-0.048***	-0.259***	-0.044***	-0.220***	1.000				
Size	-0.428***	0.395***	0.012	-0.315***	-0.006	0.219***	0.351***	1.000			
Curat	0.409***	-0.094***	0.087***	0.376***	0.034***	0.178***	-0.419***	-0.346***	1.000		
Eiv	-0.057***	0.033**	-0.084***	-0.118***	0.001	-0.032**	0.065***	0.093***	-0.105***	1.000	
Hhi5	-0.028**	-0.008	0.136***	-0.020	-0.011	0.036**	-0.010	0.058**	0.012	-0.047***	1.000

注：*、**、***分别表示在 10%、5%、1%的水平上显著。

二、回归分析

本章对模型（1）至模型（5）进行了固定效应回归，解释变量均为组织绩效 Tq（回归结果见表 3-4）。模型（1）为控制组，模型（2）在模型（1）的基础上加入了研发投入跳跃（Leap）的一次项，一次项的系数显著为正（0.078），与吴建祖等的研究结果一致，即总体来看，研发投入跳跃幅度越大，组织绩效水平越高（吴建祖和肖书锋，2015，2016）。该结果也验证了 Mudambi 等（2011，2014）的研究结论，即研发投入先上升，到达顶点然后下降是组织管理良好的标志，换言之，研发投入的跳跃代表组织探索与利用的转换，有助于组织成长绩效和市场绩效。

模型（3）加入了研发投入跳跃（Leap）的平方项，增量 F 检验表明，与模型（2）相比，模型（3）的解释力更强。由于现有学者对于 U 形或者倒 U 形关系的研究存在明显的偏差（Haans et al.，2016），因此本章借鉴 Hanns 等提倡的更为严格的标准进行检验。检验结果满足倒 U 形曲线的三个条件：第一，一次项系数显著为正（0.295），其平方项的系数显著为负（-0.022）；第二，曲线的斜率在 Leap 的取值范围的左端显著为正（0.295），右端显著为负（-0.469）；第三，曲线的拐点（6.705）在 Leap 的区间范围 ［0.000－17.356］ 内，因此本章观测到的是一个完整的倒 U 形曲线。表明研发投入跳跃程度与组织绩效并非简单的线性递增关系，而是呈典型的倒 U 形关系，此结果验证了本章的假设 1，即研发投入一定程度的跳跃，是积极研发管理的结果，有助于组织在探索与利用、短期与长期之间寻求平衡，从而提高研发效率的同时为未来竞争优势的获取做好准备。然而随着研发投入跳跃幅度的增加，跳跃的风险将急速上升，当到达一定程度之后（即本章的拐点 6.705），跳跃的风险将超过双元性的收益，给绩效带来负面影响，该结果与 Swift 的结论一致，即跳跃幅度越大，风险越高，最终观测到的组织死亡的可能性也越高（Swift，2016）。

表 3-4　回归结果

变量	模型（1）	模型（2）	模型（3）	模型（4）	模型（5）
Leap		0.078***	0.295***	0.137**	-0.348***
		(0.017)	(0.039)	(0.058)	(0.101)
$Leap^2$			-0.022***	-0.012**	0.018*
			(0.004)	(0.006)	(0.009)
Acap				4.073***	
				(1.554)	
Leap×Acap				2.558**	
				(1.048)	
$Leap^2$×Acap				-0.187**	
				(0.093)	
Envir					27.781***
					(3.965)
Leap×Envir					23.130***
					(4.175)
$Leap^2$×Envir					-1.448***
					(0.384)
Revrat	0.005***	0.005***	0.006***	0.006***	0.007***
	(0.001)	(0.001)	(0.001)	(0.001)	(0.001)
Pershar	0.644***	0.666***	0.700***	0.704***	0.818***
	(0.071)	(0.071)	(0.071)	(0.071)	(0.071)

续表

变量	模型（1）	模型（2）	模型（3）	模型（4）	模型（5）
Em	−0.186***	−0.190***	−0.187***	−0.173***	−0.175***
	（0.037）	（0.037）	（0.036）	（0.037）	（0.036）
Size	−0.596***	−0.675***	−0.782***	−0.759***	−0.945***
	（0.050）	（0.053）	（0.056）	（0.056）	（0.060）
Curat	−0.000	−0.004	−0.008	−0.005	−0.001
	（0.020）	（0.020）	（0.020）	（0.020）	（0.020）
Eiv	0.100	0.089	0.062	0.083	0.075
	（0.112）	（0.112）	（0.112）	（0.112）	（0.110）
Hhi5	−0.038	−0.009	−0.064	0.084	−0.143
	（0.319）	（0.318）	（0.317）	（0.318）	（0.314）
Constant	15.142***	16.789***	19.022***	18.332***	22.050***
	（1.091）	（1.150）	（1.200）	（1.206）	（1.258）
N	5715	5715	5715	5711	5715
R^2	0.0674	0.0712	0.0786	0.0835	0.104
F	49.97***	46.37***	45.84***	36.69***	46.60***
Incremental F		19.86***	38.7***	8.95***	45.11***

注：括号内的数值为标准误，*、**、***分别表示在10%、5%、1%的水平上显著。

这与代理理论中将研发投入的波动，特别是研发投入的下降看作高管视野问题（horizon problem）或者代理问题的观点形成了鲜明的对比（Heyden et al.，2017；Zona，2016；Gentry and Shen，2013），如果研发投入的突然下降仅仅是视野问题或者管理者收入操纵的结果，则势必不利于组织的长期绩效。而本章的实证结果则显示研发投入在一定范围内（小于6.705）的非预期波动，不管是正向的还是负向的，都对绩效具有积极影响，只有当研发投入的非预期波动到达一定程度之后（大于本章研发投入跳跃的临界值6.705），研发投入跳跃的风险才会凸显，负向影响组织绩效。这可能不能用代理理论中管理者的动机问题来解释，因为研发投入一定程度的波动未必是不好的（只要在一定的范围内），根据本章提出的间断式平衡的收益—风险分析框架，当研发跳跃的程度过大时，可能由于管理者对研发项目类型转换的时点判断失误或者没有管理好转换过程导致的转换失败或者风险，而且转换的风险是客观存在的，虽然可以通过一定能力的培养

（如组织的吸收能力）来降低，却是不能避免的。这可能与 Hendry 提出的第二类代理问题，即代理人诚实但能力不足（honest incompetence）的假设是比较一致的（Hendry，2002）。

模型（4）在模型（3）的基础上增加了组织吸收能力，以及吸收能力与研发投入跳跃及其平方的交互项，增量 F 检验表明，模型（4）的解释力比模型（3）更强。在模型（4）中，研发投入跳跃与组织吸收能力的交互项（Leap×Acap）以及研发投入跳跃的平方与组织吸收能力的交互项（$Leap^2$×Acap）的回归系数均显著，表明组织吸收能力调节研发投入跳跃与组织绩效的倒 U 形关系。按照 Hanns 等（2016）的标准，依次判断拐点位置的变化和曲线陡峭程度的变化：在对拐点位置的判断中，本章分别取中等吸收能力（均值）和较高的吸收能力（均值+标准差）两个特殊值，在调节变量设定的前提下，中等吸收能力下的拐点为 $Leap_m$ = 6.029，较高的吸收能力水平下的拐点为 $Leap_H$ = 6.304，拐点位置略微向右移动，由于 $Leap^2$×Acap 的回归系数为 -0.187，与 $Leap^2$ 的系数（-0.012）方向一致，因此，当吸收能力更高时，曲线也更陡峭，如图 3-1 所示，拐点的位置更高。综上，本章的假设 2 得到了验证，即组织吸收能力调节研发投入跳跃与组织绩效的关系，当组织自身的吸收能力更高时，有助于帮助组织在探索与利用之间顺利转换，从而降低探索与利用转换带来的风险，研发投入跳跃对组织绩效积极作用更大。该结果间接验证了 Cuervo-Cazurra 等的研究结论，即吸收能力增加了组织研发投入的选择自由度，在此体现为研发投入的波动性上（Cuervo-Cazurra and Un，2010）。

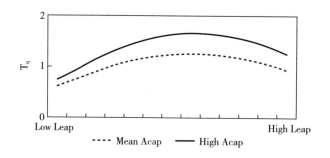

图 3-1 组织吸收能力对研发投入跳跃与组织绩效的调节作用

在模型（4）中，吸收能力（本章以组织的研发强度来衡量）的系数显著为正（4.073），说明吸收能力显著促进组织市场绩效，与现有研究结论一致。事实上，研发投入对绩效的关系在不同的理论中均得到了大量的研究。例如，在实物期权理论中，更多的研发投入会带来更多的选择权，选择权能够降低组织风险，从而正向影响组织市场绩效（Bromiley et al.，2017）。在资源基础观中，研发作为对知识型资产的战略投资，高水平的研发投入能够帮助组织存储大量的创新型知识资产，从而增强组织发现和利用产品市场机会的能力，进而增强企业竞争优势的获取能力和组织创造经济租的潜力（Qian et al.，2017；He and Wang，2009）。这些研究结论均局限于对研发投入水平或者强度的探讨上，较少涉及研发投入的另一个维度，研发投入的波动性。为此，Mudambi 等和吴建祖等关注了研发投入的波动性，但是没有考虑研发投入波动与研发投入强度的交互效应（吴建祖和肖书锋，2015，2016；Mudambi and Swift，2014），Swift 虽检验了研发投入跳跃与研发投入强度的交互项，却仅仅关注其对组织死亡率的影响。以上研究成果为本章的研究奠定了重要的理论和方法基础，本章基于研发的间断式平衡的收益—风险分析框架，综合考察了研发投入的两个维度：研发投入波动性（本章研究了波动的极端情况，即研发投入跳跃 Leap）和研发投入强度（Acap）各自对市场绩效的影响以及二者的交互效应，借此对相关研究进行了拓展和推进。实证结果显示，研发投入强度不但对市场绩效具有直接影响，还能够通过影响研发投入跳跃与市场绩效的关系间接影响组织绩效，即通过降低研发投入跳跃的风险，帮助组织在探索式研发与利用式研发之间顺利转换而间接促进组织绩效。

在模型（5）中，研发投入跳跃与技术动态性的交互项（Leap×Envir）以及研发投入跳跃的平方与技术动态性的交互项（Leap^2×Envir）的回归系数均显著，表明技术动态性调节研发投入跳跃程度与组织绩效的倒 U 形关系。增量 F 检验结果也表明，模型（5）比模型（3）的解释力更强。依然沿用 Hanns 等（2016）的判断标准，分析拐点位置的变化和曲线形状的变化：本章分别设定两个特殊的行业技术动态性（Envir）的水平，一个为技术动态性的均值（0.015），一个为均值加一倍的标准差（0.025），分别表示行业技术动态性的中等水平和较高水平。中等行业动态性水平下的拐点为 Leap$_m$=－0.143，拐点超出了自变量的取值范围，这意味着当行业的技术动态性处在中等水平时，研发投入跳跃对绩效的影响呈单调递减的特征，即研发投入跳跃水平越高，绩效水平越低。当行业技术动态性较高时，$Leap_H = 6.389$，拐点位置向右移动 6.531 个单位，如图 3-2 所示。综上，回归模型（5）验证了本章的假设 3，即当组织所处的行业技术动态程度更高时，机会出现得快过时得也快，需要组织实时监测环境的变化并及时将创新资源和焦点进行转移从而抓住稍纵即逝的机会，因此研发投入跳跃对组织绩效的积极作用更大，拐点更高。该结果与 Mudambi 等的结论一致，即在一般动态性的行业中，组织的研发投入波动与组织增长之间的关系为负，说明在一般动态性的行业，组织以专业化、效率和结构化为上，稳定而持续的研发投入有助于组织专注在特定的知识创造类型上（Mudambi and Swift，2011）。

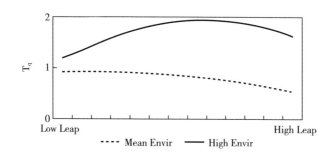

图 3-2 行业技术动态性对研发投入跳跃与组织绩效的调节作用

从图 3-2 可以看出，在高技术和中等技术动态性样本中组织研发投入跳跃对组织绩效的影响呈明显不同的趋势，特别是在中等技术动态性的样本中，观测到的研发投入跳跃对组织绩效的影响不是完整呈倒 U 形曲线而仅仅是曲线右边的一半（如图 3-2 虚线所示）。这可能是由于在高技术行业中，组织创新主要由科学技术驱动，主要通过生产和使用显性的、可编码的科学技术知识来进行产品创新（简称 STI 模式）；而在中低等技术行业中组织创新模式与前者不同，组织主要依赖"干中学、用中学和交互关系中学"（简称 DUI 创新模式），而这些知识一般是隐性的，需要通过经验的积累和相关知识主体长期合作和不断的信息交换才能产生（Trott and Simms，2017；Jensen et al.，2007）。换句话说，在中低技术行业中，由于隐性知识的生产和应用需要关系嵌入与经验的分享和积累，导致创新是一个不断积累和演进的过程，该过程相对缓慢，并非一朝一夕能够完成，而研发投入突然、大幅增加或者降低都会打破隐性知识的积累和创造过程，因此不利于组织绩效。

三、稳健性检验

首先，为了排除研发投入跳跃的内生性，本章采用工具变量估计研发投入跳跃对组织绩效的影响。参照 Mudambi 等的做法，选择公司董事会规模作为研发投入的工具变量（Mudambi and Swift，2014），研发投入跳跃与董事会规模的回归结果表明（没有在文中列示），董事会规模与研发投入跳跃显著相关。因此，现有研究与本章检验结果均表明董事会规模是研发投入跳跃的一个良好的工具变量。面板工具变量法回归结果表明（见模型（6）），在排除了研发投入跳跃的内生性后，研发投入跳跃与组织绩效的倒 U 形关系依然稳健。

其次，考虑到所有制性质可能对本章的研究结论产生影响：一方面，所有制性质不同意味着企业在决策制定时的目标不同，国有企业往往具有双重目标，承担更多的政策性负担（廖冠民和沈红波，2014），这可能对企业研发投入决策以及研发投入对组织市场绩效的关系产生影响；另一方面，国有企业与非国有企业面临的资源约束不同，这也可能对企业的研发投入决策和创新效率产生影响（吴延兵，2012）。因此，本章根据企业所有制性质进行了分组回归（见表3-5），模型（7）是针对国有企业样本的面板固定效应回归结果，模型（8）是针对非国有企业样本的回归结果，对分组回归进行系统性检验后发现，国有企业和非国有企业确实存在差别，但是研发投入跳跃与组织绩效的倒 U 形关系是稳健的。

表 3-5　稳健性检验结果

变量	模型（6）工具变量法回归		模型（7）国有企业样本		模型（8）非国有企业样本	
	系数	t 值	系数	t 值	系数	t 值
Leap	5.490***	(3.335)	0.111***	(3.245)	0.656***	(7.826)
Leap^2	-0.626**	(-2.264)	-0.007**	(-2.463)	-0.057***	(-6.254)
Revrat	0.021***	(4.725)	0.006***	(6.673)	0.005***	(3.643)

续表

变量	模型（6）工具变量法回归		模型（7）国有企业样本		模型（8）非国有企业样本	
	系数	t 值	系数	t 值	系数	t 值
Pershar	1.421***	(5.656)	0.408***	(6.049)	1.113***	(8.490)
Em	-0.085	(-0.650)	-0.140***	(-4.292)	-0.232***	(-3.087)
Size	-2.961***	(-5.699)	-0.825***	(-13.97)	-0.758***	(-8.180)
Curat	-0.063	(-1.022)	0.090***	(2.741)	-0.036	(-1.318)
Eiv	-0.578	(-1.628)	-0.119	(-0.998)	0.095	(0.525)
Hhi5	-1.797	(-1.288)	-0.433	(-1.253)	0.362	(0.720)
Constant	64.692***	(5.942)	19.976***	(15.39)	18.356***	(9.425)
N	5715		2747		2925	
R^2			0.141		0.078	
F			42.37***		23.21***	

注：***、**、*分别表示在1%、5%、10%的水平上显著。

第五节　本章小结

一、研究结论

本章从间断式平衡和组织双元性理论视角分析并检验了组织研发投入跳跃对组织绩效的影响，并分析了组织外部环境和内部能力对组织研发投入跳跃和绩效之间关系的调节作用。研究结果表明：①组织层面的研发投入跳跃对组织绩效的影响呈倒 U 形关系，即通过研发类型的转换，组织能够既充分利用现有的能力和资源优势，又能够保持组织灵活性以获取先动优势。然而研发类型的转换也会给企业带来风险和成本，并且转换的风险和成本随着跳跃幅度的增加而增加。②组织所处的行业的技术动态性调节研发投入跳跃与组织绩效的关系。当组织的外部技术动态性高时，环境中的机会更多，双元性的收益更大，因此组织研发投入跳跃对组织绩效的正向作用更强，拐点也更高。③组织吸收能力也对组织研发投入跳跃和组织绩效的关系起调节作用。当组织的吸收能力更强时，能够降低转换的风险和成本，促使研发投入对组织绩效的正向影响更大，拐点也更高。

二、理论贡献

本章的主要贡献如下：

（1）深化并丰富了研发投入波动性和组织绩效的关系研究。以往对二者关系的研究分为两个阵营："平稳论"认为稳定的研发投入是组织获取并保持竞争优势的保障（Qian et al.，2017；He and Wang，2009）。富有成效的研发成果是长期知识积累的结果，而这依赖于持续稳定的研发投入，而研发投入波动通常意味着管理层为了迎合预期或者平滑绩效而进行的"收入操纵"，是管理者短视行为的表现（Gentry and Shen，2013；Heyden et al.，2017；Zona，2016），因为研发投入波动而导致的研发人员的流失是对组织核心资源和能力的破坏。"波动论"则认为随着新产品的开发然后投入市场，组织的研发投入也应该经历先上升后下降的过程（Dimasi et al.，2003）。由于技术的不连续性，组织的研发管理也遵循持续平稳的研发投入被短期、显著的研发投入变化所打破，这种间断式的研发投入模式意味着组织在平稳期以利用式研发为主，而在动荡期以探索式研发为主，而高绩效组织能够在二者之间顺利转换（Mudambi and Swift，2011，2014）。因此该学派认为研发投入的剧烈波动或跳跃是组织主动适应环境以获取竞争优势的标志，而持续平稳的研发投入是管理者无能的表现，表明管理者无法判断哪些研发项目应该终止，哪些应该加大投入。本章的研究丰富并深化了研发投入的"波动论"，既承认研发投入的跳跃有利于组织兼顾探索与利用、效率和柔性、长期与短期，又指出转换作为一种深刻的组织变革存在风险，这种收益和风险随着跳跃程度的增加而增加，但是不同阶段增加的快慢不同。本章的结论看似与Mudambi 等（2011，2014）和吴建祖等（2015，2016）的研究结论相悖，实则是他们的研究奠定了本章倒 U 形曲线的前半段，即跳跃程度越高，绩效越好（本章的模型（2））。Swift（2016）的研究奠定了本章倒 U 形曲线的后半段，即跳跃程度越高，风险越大。本章进一步推进了以上学者的研究，即随着跳跃程度的增加，风险比收益增加得快，风险的增加存在边际递增的趋势，因此才会出现本章的拐点，即倒 U 形曲线的顶点。创新活动类型转换的收益和风险共同决定了其对组织绩效的影响，即研发投入跳跃对组织绩效呈现先促进后抑制的倒 U 形关系。

（2）丰富并深化了吸收能力对组织间断式平衡双元和绩效的关系研究。吸收能力对研发投入跳跃与组织绩效的调节作用进一步推进了 Cuervo-Cazurra 和 Un（2010）的研究结论，即组织的吸收能力体现在组织的相关知识积累以及能够从事研发工作并创造知识人员的数量上，组织的相关知识积累越丰富，专业的研发队伍越庞大，则组织进行内外部知识搜寻的广度和深度越大，相应地选择权也越多，组织在研发投入方面的自由度也越大。本章则在此基础上进一步证实了吸收能力强的组织，其研发投入的自由度（在此体现为研发投入跳跃幅度）对绩效具有积极影响。Swift（2016）研究指出吸收能力强的组织会对新机会保持高度的敏锐性，不但有机会接触前沿技术和知识，还有能力识别新知识和新技术所潜藏的商业价值并创造性地加以应用，因此吸收能力能够降低转换的风险，本章的研究结论则在此基础上进行了补充，即不管转换的方向是从探索到利用或者从利用到探索，吸收能力总有助于降低转换的风险。

（3）响应并率先实践了 Hanns 等对 U 形或者倒 U 形关系研究的呼吁（Haans et al.，2016）。首先，在理论解释方面，Hanns 等提倡更具体的理论解释为什么"过犹不及"，而不是对这一传统智慧的简单应用；提倡揭示变量之间的关系为什么是 U 形或者倒 U 形关系，而不是仅仅披露二者关系是什么。本章构建了间断式平衡的收益—风险框架来解释研发投入跳跃是如何影响组织绩效的，试图通过这一解释逻辑打开"过犹不及"在研发投入与组织绩效之间的作用机制。其次，鉴于现有关于倒 U 形关系的研究在方法上存在明显的偏差，本章构建了一个倒 U 形曲线的调节效应模型，遵循 Hanns 等倡导的检验方法，分别探讨了调节变量对倒 U 形曲线的形状（更加陡峭或者扁平化）和拐点位置（向左移动或者向右移动）的影响，为国内学者探讨相关议题奠定了重要的理论和方法基础。

三、管理启示

本章对企业研发投入管理具有重要的启示意义。许多学者和企业家都将企业的创新归功于研发投入强度，要么将企业的研发投入与销售收入挂钩，保持固定的研发投入强度，要么保持平稳的研发投入。本章的研究结果表明，企业是否需要保持平稳的研发投入应该视情况而定，第一，应该认识到适当的研发投入波动是有助于促进企业绩效的。对研发项目实施积极的管理，对项目进行调查筛选，实时砍掉不具有前景的项目；同时增强组织对外部知识的搜寻，当新机会出现的时候适当增加研发投入是有利于企业绩效提升的。但也应该认识到研发投入剧烈波动的风险和成本：当组织突然增加研发投入时，会自觉不自觉地放松项目筛选标准，造成风险的增加，此时应该加强信息收集工作，并与内部研发人员进行充分的沟通，以提高项目决策的速度和科学性。第二，当组织进行创新活动类型的转换时，会面临既有的制度、结构和网络惯性的制约，增加转换的难度，此时应该自上而下地进行组织结构和制度规范的变革，以与创新过程进行匹配。第三，当进行研发类型的转换时，应该对研发人员进行一定的引导和内部转移，以防止人力资本的大量流失，以此降低研发类型转换的风险和成本。第四，企业在进行研发投入决策的时候，还应该考虑自身的能力因素，当组织的吸收能力较强时，组织可以更多追求双元性，提高探索与利用转换的幅度和速度。换句话说，企业要努力提高自身的人力资本和知识积累以增强自身的吸收能力，从而最大化双元性的收益，最小化转换的风险和成本。第五，企业在进行研发投入决策的时候，还应该考虑外部环境，特别是技术环境因素，在高度技术动态性的行业环境中，外部技术机会更多，而内部的技术和产品更新换代更快，企业需要保持高度的灵活性以获取和保持竞争优势；而在相对稳定的环境中，保持平稳的研发投入方为上策，因为不可预期的波动会妨碍组织稳步学习与提高的进程，进而影响组织绩效。

四、研究局限与展望

本章的研究局限及未来研究展望如下：第一，本章用偏离历史趋势的最大值来测量研发投入跳跃，并假定其他年份都是平稳变化的，但是事实上，其他年份并非平稳变化的，而本章没有考虑其他年份研发投入的变动情况。未来的研究可以检验研发投入跳跃前后的变动方向与跳跃方向问题对绩效的影响，如是否连续几年的研发投入的同方向波动比单一年份的剧烈跳动更好？即"摸着石头过河"

和"大跃进"孰好孰坏？何种情境下更好？第二，本章假定跳跃的风险可能来自高管的转换决策失误，而高管团队特征、组织结构等均影响决策流程和风格，进而影响其决策质量，但是本章并没有考察高管团队特征对研发投入跳跃及组织绩效的影响。未来可以研究高管团队特征、组织结构等因素对研发投入跳跃的影响以及对研发投入跳跃与组织绩效关系的影响。

第四章　市场化进程对研发投入跳跃与组织绩效关系的调节效应

第一节　问题的提出

研发投入波动对组织绩效的影响争议由来已久。然而这些争论忽略了一个重要的事实：首先，我国在转型期的复杂的制度环境下，企业研发投入波动与组织绩效的关系可能受地区市场化进程的影响。因为在市场化程度较低的地区，企业的资源配置决策与资源利用效率受政府的影响较为严重，这可能会异化组织的研发投入决策，导致组织研发投入的内在驱动力和研发管理能力下降（余泳泽和张先轸，2015）。其次，在制度欠发达地区，融资约束和政府管制较多，削弱了管理者的"制度自主权"，导致管理者没有能力发动组织变革以适应内外部环境的变化（连燕玲等，2015）。因此，转型经济对组织战略选择和绩效的影响不容忽视（Peng，2003）。现有对研发投入波动与绩效关系的研究要么基于西方的高度市场化的制度背景（Mudambi and Swift，2011，2014），要么采用中国数据对西方背景下提出的理论进行检验（吴建祖和肖书锋，2015，2016），均没有深入考虑我国制度背景的复杂性与特殊性。

我国渐进式转型和梯度式开放导致全国各地区市场化进程存在明显差异，这为检验宏观制度环境对研发投入波动与组织绩效关系的影响提供了条件，王小鲁等（2017）采用较为客观的指标建立的市场化指数较好地反映了我国各地区市场化制度的完善程度，已被学术界广为接受和应用。因此，本章将采用中国上市公司的数据和王小鲁的市场化指数来探讨与检验市场化进程对研发投入跳跃与组织绩效关系的影响。

第二节 理论回顾与研究假设

正式制度（如法律规范等）和非正式制度（如习惯、标准文化等）决定了经济活动的"游戏规则"（North，1990）。制度变革被视为一种对正式的和非正式的"游戏规则"进行深刻的、复杂的变革活动，对组织战略决策与绩效具有深远的影响。鉴于新兴经济体制度变革的广泛性和深刻性，因此被贴上了转型经济的标签（Peng and Luo，2000）。转型经济最典型的特征在于正在朝着市场导向的制度体系迈进，即在从基于关系的、私人化的、以网络为中心的交易结构转向基于规则的、一般性的、以市场竞争为中心的交易结构（Peng，2003）。

在市场化制度不完善的地区，企业没有能力进行积极的研发管理。首先，制度环境制约企业高层管理者的决策自由度。管理自由度是管理者在决策制定与实施过程中的自由支配权，决策自由度高的管理者才能根据内外部环境的变化实时调整研发投入以抓住机遇、规避损失，才有能力发动组织变革以适应环境的变化（连燕玲等，2015）。在中国经济转型期的特殊情境下，区域的正式和非正式制度均影响 CEO 的决策自由度（张三保和张志学，2012）。其次，要素市场发展不完善，企业缺乏创新所必需的资源供应。人才和资金是企业进行研发探索的必备条件，在要素市场发育程度低的地区，企业的融资渠道单一，人才的管理不够灵活，进而影响企业对高技术和管理人才的获取和保留以及企业对长期资金的融入。最后，信息渠道不通畅，缺乏对同行及相关行业前沿技术的了解。在市场化程度较低的地区，开放水平也有限，行业协会等市场组织发育不健全，缺乏专门的信息收集与分享的渠道，导致企业对技术、产品、市场等外部环境的了解不够全面和深入，进一步限制了企业进行积极研发管理的能力。

在市场化制度不完善的地区，企业也没有动力进行积极的研发管理。首先，从组织能力建设和关系建设的成本收益比较来看，当企业的关系建设（如建立和维护政治关系）收益大于成本时，企业就没有动力专注于市场竞争能力建设，而将企业的重点转向关系建设方面。其次，在市场化程度较低的地区，产权制度不完善，创新收益得不到有效保护。最后，在市场化程度较低的地区，风险较大，由于创新收益预期回报周期较长，风险增加了组织长期投资收益的不确定性，因此企业不愿意进行长期投资。以家族企业的跨代传承意愿及长期投资意愿为例，当地区的法治环境不健全、企业受到的政府干预较多、企业受到的不公平待遇较多时，企业的家族成员内部传承和长期投资的意愿均下降（朱沆等，2016）。

而在市场化程度较高的地区，法制较为健全，政府干预较弱，要素市场和产品市场的流动性强，经济资源将更多在正式的制度框架内由市场来分配（沈红波等，2010），企业的决策将更多基于市场竞争的原则，专注自身资源和能力的建设而非关系网络的建设（Peng，2003）。研发是企业进行技术创新和构建新能力与新竞争优势的重要途径。根据探索与利用的间断式平衡理论，在平衡期，企业通过不断提高和完善现有的产品和服务以满足当前市场的需要，不断完善与利用现有能力和资源以维持现有的竞争地位；然而随着环境的变迁和技术的进步，组织不得不打破现有的技术或者能力发展轨道，进行广泛的知识搜寻，探索新的能力和竞争优势。相应地，在平衡期，企业的研发以利用式为主，在现有的技术轨道上不断完善和提高；而在间断期，组织以探索式研发为主，旨在探索新产品、新服务、新技术以期为组织觅得新的竞争能力和竞争优势。由此可见，探索与利用的转换有助于组织实现时间上的双元性，有助于组织平衡短期利益和长远发展的关系，有助于组织实现效率的同时保持灵活性。因此，在市场化程度较高的地区，研发投入的显著波动（跳跃）代表着组织在探索与利用之间的转换，代表了组织积极的研发管理（Mudambi and Swift，2011），正向影响组织绩效。

首先，在市场化程度越低的地区，组织的资源配置决策与配置效率受行政因素影响越大。研究发现，政府的直接和间接支持并不利于技术创新效率的提升（肖文和林高榜，2014）。研究表明，在市场化程度较低的地区，政府对资源的分配比重较大，可能导致想要创新的企业得不到资源，得到资源的企业没有动力和能力进行创新，效率低下。

其次，外部制度环境间接影响高管团队职能背景的多样化和企业管理能力。由于在市场化程度低的地区，地方政府掌握大量稀缺资源的分配权，企业对政府的依赖度很高。根据资源依赖理论，那些有政府部门工作背景的高管能够为企业带来更多的稀缺资源，因此在组织中也具有更大的决策权，有更大决策权的成员更喜欢招募同样具有从政背景的高管团队成员，以组成更大的政治同盟。导致高管团队中缺乏职业化的管理人员，不利于高管团队管理的专业化和团队成员职能背景的多样化，进而导致企业管理能力低下（Fan et al., 2007）。

最后，在市场化程度较低的地区，企业对市场竞争的认知和反应不充分。换句话说，在市场化程度较低的地区，企业习惯于通过与政府相关部门建立私人化的关系来获取资源和竞争优势，因此当企业面临竞争环境的改变时，首先想到的是寻求政府的保护和照顾，建立更广泛的网络关系，而非积极发动组织变革以获取新的竞争优势（Peng, 2003）。因此，由于认知和组织惯性，在市场化程度较低的地区，企业较少发动组织变革，较少主动寻找或建立基于市场的竞争优势。更没有能力进行组织变革以在现有能力过时时探索新的技术或者产品竞争的能力。

由此可见，在市场化程度较低的地区，组织研发投入的波动很可能是受政府干预的结果。例如，企业研发投入的增加可能只是为了获得更多的政策优惠和补贴，如高新技术企业认定中规定了研发投入的最低比例，在近几年地方政府考核"R&D"锦标赛的背景下，也可能只是讨好地方政府的政治行为，以换取政府更多的其他方面的优惠和照顾。政府过多的干预会异化企业的研发投入决策，削弱企业自身对自主研发的"自主性"，导致研发活动与组织内部的战略、能力、结构、制度和文化不匹配，进而导致研发效率低下，不利于企业资源配置的效率。从经济学的角度来讲，林毅夫和张鹏飞（2006）认为当利用市场机制配置资源时，采用什么技术、生产什么产品完全是内生的，由产品和要素的价格来决定，如果政府过多干预技术选择过程，则会破坏技术内生能力，虽然会增加专利等创新的中间产品，但由于技术难以在市场中产业化，难以带来效益的提高和技术的进步。同理，如果组织的研发投入过多地受政府的干预，则企业内部创新的动力会下降，如果研发活动与组织结构、战略、制度、文化等不匹配，最终研发投入的增加或者降低也不能带来预期的绩效。因此，本章提出以下假设：

假设1：公司总部所在地区市场化程度调节研发投入跳跃与组织绩效的关

系，即在市场化程度较高的地区，研发投入跳跃正向影响组织绩效；在市场化程度较低的地区，研发投入跳跃负向影响组织绩效。

中国经济改革研究基金会国民经济研究所编制的市场化指数是目前为止最为科学的衡量市场化进程的指标，该指数由五个方面构成，包括政府与市场的关系、非国有经济的发展、产品市场的发育程度、要素市场的发育程度、市场中介组织发育和维护市场的法制环境。其中政府与市场的关系由市场分配资源的比重、减少政府对企业的干预和缩小政府规模三个分项指数组成。产品市场的发育程度包括价格由市场决定的程度（包括社会零售商品、生产资料和农产品的价格决定）和减少商品市场上的地方保护两个分项指数。要素市场的发育程度分别反映金融市场、人力资本市场和科技市场的发育情况。市场中介组织发育和维护市场的法制环境包括律师、会计师等市场中介组织服务条件，行业协会对企业的帮助程度，当地公检法机关执法公正及效率程度，知识产权保护程度（王小鲁等，2017）。为了更细致地探讨市场化进程对研发投入跳跃和组织绩效的影响，本章对这 5 个维度分别进行了检验，分别提出以下 5 个子假设：

假设 1a：政府与市场的关系调节研发投入跳跃与组织绩效的关系，即公司总部所在地区政府干预得越少，市场分配资源的比重越大，研发投入跳跃对组织绩效的促进作用越强。

假设 1b：非国有经济的发展程度调节研发投入跳跃与组织绩效的关系，即公司总部所在地区非国有经济的发展程度越高，研发投入跳跃对组织绩效的促进作用越强。

假设 1c：产品市场的发育程度调节研发投入跳跃与组织绩效的关系，即公司总部所在地区产品市场的发育程度越高，研发投入跳跃对组织绩效的促进作用越强。

假设 1d：要素市场的发育程度调节研发投入跳跃与组织绩效的关系，即公司总部所在地区要素市场的发育程度越高，研发投入跳跃对组织绩效的促进作用越强。

假设 1e：市场中介组织发育和维护市场的法制环境调节研发投入跳跃与组织绩效的关系，即公司总部所在地区市场中介组织发育程度越高，维护市场的法制环境越好，研发投入跳跃对组织绩效的促进作用越强。

第三节 研究设计

一、样本选取与数据来源

本章选择所有在我国沪深两市上市的 A 股企业 2007～2015 年数据作为初始研究样本。根据研究需要，对原始数据做以下筛选和调整：①剔除金融保险类上市公司；②仅保留连续 5 年及以上有研发投入观测值的样本；③剔除 2010 年之后上市的企业；④剔除明显奇异样本，如销售收入为负的样本；⑤剔除研究变量公司/年度数据缺失的样本，最终获得 867 家公司的 5711 条观测数据。本章数据来源于 Wind 数据库和 CCER 数据库。

二、变量设计

（一）组织绩效（Tq）

参照吴建祖等（2016），选择 Tobin Q 来衡量企业绩效，Tobin Q = 组织的市场价值/重置成本，其中重置成本用账面价值来估计。

（二）研发投入跳跃（Leap）

借鉴 Mudambi（2014）的测量方法，取 2007～2015 年的组织研发投入 GARCH 模型学生化残差的绝对值的最大值作为研发投入跳跃的取值，该模型能够计算一定时期内脱离历史趋势或者预期值的研发投入的最大波动程度，具体定义过程参见本书第三章第三节，在此不再赘述。

（三）市场化进程

本章采用王小鲁等（2017）最新的市场化指数数据，即 2014 年的市场化指数。由于该指标体系的客观性、系统性和权威性，已经被学术界广为接受和应用。之所以采用最近一期的数据，是由于：第一，各地区的市场化排名相对较为平稳，即变异系数较小，不适合采用面板数据。第二，市场化进程具有渐进性，市场化指数的大部分指标采用客观统计数据，即制度改变在先，数据计算在后，导致市场化指数具有一定程度的滞后性。因此，采用最近一期的数据能够代表之前年份的市场化改革进程，即各地区 2007~2015 年的平均市场化进程。

（四）控制变量

参照 Mudambi（2014）和吴建祖和肖书锋（2015，2016），本章控制了影响组织绩效的组织层面变量，包括组织规模、盈利状况、增长情况、资产构成、组织多元化程度和研发强度（Rdintens）等。其中组织规模采用销售收入的对数（Size）来衡量；组织盈利状况用每股净收益（Pershar）来衡量；组织增长用营业收入增长率（Revrat）来衡量；组织资产构成用权益乘数（Em）来衡量；组织多元化程度采用销售收入行业构成的熵值（Eiv）来表示，即 $Eiv = \sum p_n \times \ln(1/p_n)$，其中 p_n 表示组织销售收入的构成中，第 n 大行业销售额占销售总收入的比重，$n = 1 \sim 5$；本章用流动比率（Curat）作为未吸收冗余的衡量指标加以控制。此外，本章还控制行业层面的变量，行业竞争情况和技术动态性，采用行业集中度（Hhi5）来度量行业竞争情况，即行业内销售额前五名的企业的销售额占行业总收入的百分比的平方和；用行业平均研发强度来度量组织所处技术环境的动态性（Indrd）（见表 4-1）。

表 4-1 变量定义

变量类别	变量符号	变量名称	变量定义
因变量	Tq	托宾 Q	组织的市场价值/重置成本
自变量	Leap	研发投入跳跃	研发投入 GARCH 模型的学生化残差的绝对值的最大值
调节变量	Mrkt0	市场化总指数	参见王小鲁等（2017）
	Mrkt1	政府与市场关系	由市场分配资源的比重、减少政府对企业的干预和缩小政府规模三个分项指数组成
	Mrkt2	非国有经济发展	由非国有经济在工业销售收入中所占比重，非国有经济在全社会固定资产总投资中所占比重，非国有经济就业人数占城镇总就业人数的比重三个分项指数组成
	Mrkt3	产品市场发育程度	包括价格由市场决定的程度和减少商品市场上的地方保护两个分项指数
	Mrkt4	要素市场发育程度	分别反映金融市场、人力资本市场和科技市场的发育情况
	Mrkt5	市场中介组织发育和法制环境	包括律师、会计师等市场中介组织服务条件，行业协会对企业的帮助程度，当地公检法机关执法公正及效率程度，知识产权保护程度等

续表

变量类别	变量符号	变量名称	变量定义
控制变量	Revrat	营业收入增长率	(本期营业收入-上期营业收入) /上期营业收入
	Pershar	每股收益	净利润/股本总数
	Em	权益乘数	资产总额/股东权益总额
	Size	组织规模	组织销售收入的常用对数
	Curat	流动比率	流动资产/流动负债
	Eiv	多元化程度	销售收入行业构成的熵值 $Eiv = (\sum p_n \times \ln (1/p_n)$
	Rdintens	组织研发强度	企业的研发投入/销售收入
	Hhi5	行业竞争程度	行业销售收入的赫芬达尔指数，行业内销售额前五名的企业的销售额占行业总收入的百分比的平方和
	Indrd	行业技术动态性	行业研发投入之和/行业销售收入之和

三、模型设定

根据本章的数据结构，采用面板固定效应回归。参照 Mudambi（2011），为检验市场化进程对研发投入跳跃与组织绩效的调节效应，本章采用分样本回归，即根据公司所在地区市场化程度的大小将样本分成两组，小于等于50%分位数定为低市场化程度样本组，大于50%分位数定为高市场化程度样本组。

第四节　实证检验与结果分析

一、描述性统计

根据表4-2变量的描述性统计结果可以看出，①市场化指数 Mrkt0 的均值为8.057，标准差为1.720，各地区的市场化进程存在一定的差异，适合进行下一步分析。②政府与市场的关系 Mrkt1 和要素市场发育程度 Mrkt4 最小值为负，说明在部分地区，相对基期2008年来说，这两个方面的市场化进程没有进步反而退步了。③对市场化指数的 5 个方面指数的均值和标准差进行比较发现，Mrkt5 的均值和方差最大，说明在 2008~2014 年，地区的市场中介发育情况和法制环境方面的进步比较明显，各地区的差距也比较大。

表4-2　变量的描述性统计

变量	均值	标准差	最小值	中位数	最大值
Tq	2.209	2.074	0.066	1.618	33.475
Leap	0.656	1.781	0.000	0.000	17.356
Mrkt0	8.057	1.720	0.620	8.070	9.780
Mrkt 1	6.964	1.522	-6.330	7.130	8.590
Mrkt 2	8.524	1.709	3.230	8.650	10.340
Mrkt 3	8.196	1.342	1.460	8.320	9.730
Mrkt 4	7.084	2.234	-0.660	6.790	12.230
Mrkt 5	9.521	4.624	1.330	8.130	16.190
Revrat	14.352	30.278	-66.153	11.127	241.769
Pershar	0.331	0.468	-0.989	0.240	2.160
Em	2.291	1.534	1.069	1.875	16.938
Size	21.439	1.466	15.932	21.303	28.689
Curat	2.044	1.901	0.237	1.447	11.417
Eiv	0.388	0.407	0.021	0.183	1.604
Rdintens	0.029	0.031	0.000	0.023	0.172
Hhi5	0.278	0.092	0.201	0.245	0.965
Indrd	0.015	0.010	0.000	0.016	0.043

由表4-3 相关系数矩阵可以看出：①研发投入跳跃（Leap）与组织绩效（Tq）的相关系数显著为负（-0.119），与吴建祖等的研究结果跳跃程度越高、绩效越好形成了对比，值得进一步挖掘与现有文献不一致的原因。②市场化程度（Mrkt0）及其各方面指数（Mrkt1~Mrkt5）的相关系数水平普遍较高，与现有文献是一致的。③市场化指数及其方面指数 Mrkt0、Mrkt1、Mrkt2、Mrkt4、Mrkt5

与组织绩效的相关系数显著为正，这与现有研究结果是一致的，如经济学领域的研究认为市场化是我国经济增长的重要驱动力，特别是我国沿海地区崛起的根本引擎（韦倩等，2014）。④产品市场的发育情况 Mrkt3 与组织绩效的相关系数为显著为负，产品市场的发育情况包括价格由市场决定的程度和减少商品市场上的地方保护两个分项指数，这可能是由于中国的企业普遍起步比较晚，各方面能力还比较弱，完全的产品市场竞争可能会暂时损害企业绩效；也可能由于市场化是一系列制度设计的集合，当其他方面制度市场化建设不太完善的时候，单纯推进某一方面的市场化可能导致制度体系内部冲突或者不协调，进而影响绩效。

表4-3 Pearson 相关系数矩阵

	Tq	Leap	Mrkt0	Mrkt 1	Mrkt 2	Mrkt 3	Mrkt 4	Mrkt 5	Revrat
Tq	1.000								
Leap	-0.119***	1.000							
Mrkt 0	0.063***	-0.015	1.000						
Mrkt 1	0.031**	-0.035***	0.879***	1.000					
Mrkt 2	0.035***	-0.041***	0.785***	0.829***	1.000				
Mrkt 3	-0.029**	-0.085***	0.207***	0.458***	0.542***	1.000			
Mrkt 4	0.062***	0.072***	0.638***	0.423***	0.186***	-0.369***	1.000		
Mrkt 5	0.073***	-0.012	0.912***	0.662***	0.571***	-0.078***	0.603***	1.000	
Revrat	0.114***	-0.093***	0.036***	0.026**	0.030**	0.011	0.019	0.036***	1.000
Pershar	0.163***	0.028**	0.078***	0.051***	0.052***	-0.002	0.076***	0.074***	0.298***
Em	-0.274***	0.125***	-0.109***	-0.084***	-0.088***	-0.052***	-0.040***	-0.109***	-0.043***
Size	-0.428***	0.395***	-0.052***	-0.056***	-0.083***	-0.111***	0.069***	-0.048***	-0.004
Curat	0.417***	-0.097***	0.084***	0.023*	0.021*	-0.057***	0.112***	0.104***	0.031***
Eiv	-0.057***	0.033**	0.042***	0.020	-0.015	-0.061***	0.116***	0.040***	0.005
Rdintens	0.311***	0.140***	0.150***	0.104***	0.100***	-0.004	0.122***	0.150***	-0.012
Hhi5	-0.028**	-0.008	-0.001	0.005	-0.009	-0.009	0.027**	-0.009	-0.012
Indrd	0.100***	0.263***	0.053***	0.041***	0.023*	-0.018	0.065***	0.049***	-0.158***

续表

	Pershar	Em	Size	Curat	Eiv	Rdintens	Hhi5	Indrd
Pershar	1.000							
Em	-0.217***	1.000						
Size	0.217***	0.280***	1.000					
Curat	0.182***	-0.364***	-0.355***	1.000				
Eiv	-0.031**	0.056***	0.095***	-0.107***	1.000			
Rdintens	0.038***	-0.221***	-0.316***	0.385***	-0.118***	1.000		
Hhi5	0.036***	-0.009	0.058***	0.009	-0.047***	-0.020	1.000	
Indrd	-0.132***	-0.032***	0.012	0.091***	-0.084***	0.441***	0.136***	1.000

注：***代表 $p<0.01$，**代表 $p<0.05$，*代表 $p<0.1$。

二、回归结果

为检验市场化进程总体指数与 5 个方面指数对研发投入跳跃和组织绩效的调节效应，本章分别建立了 13 个回归方程，模型 1（m1）是基准组，是对总体样本的回归，其余 12 个回归方程均是分样本回归，具体结果见表 4-4。

从模型 2 和模型 3 的回归结果可以看出，当组织所在地区的总体市场化指数较低时，研发投入跳跃对组织绩效的回归系数显著为负（ $\beta=-0.062$ ；P 值小于0.05）；当组织所在地区的总体市场化指数较高时，研发投入跳跃对组织绩效的回归系数显著为正（ $\beta=0.076$ ；P 值小于 0.01），假设 1 得到了支持，即组织所在地区的市场化指数调节研发投入跳跃与组织绩效的关系，当市场化指数较低时，组织的研发投入波动受行政因素的影响较明显，非内在驱动的研发活动与组织战略、结构、能力、内部制度和组织文化的匹配性较差，导致研发投入的利用效率不高，因此不利于组织绩效；当市场化程度较高时，组织更专注于自身竞争能力的建设，研发投入的波动代表组织主动监测技术和市场的变化，实施积极的研发管理，能够根据自身能力与环境中的潜在机会在探索式研发与利用式研发之间实时转换。

表 4-4　回归结果

变量	总体样本 m1	低 Mrkt0 子样本 m2	高 Mrkt0 子样本 m3	低 Mrkt1 子样本 m4	高 Mrkt1 子样本 m5	低 Mrkt2 子样本 m6	高 Mrkt2 子样本 m7
Leap	0.008 (0.021)	-0.062 ** (0.030)	0.076 *** (0.028)	-0.036 (0.026)	0.104 *** (0.034)	0.007 (0.018)	0.016 (0.042)
Revrat	0.006 *** (0.001)	0.006 *** (0.002)	0.007 *** (0.001)	0.006 *** (0.002)	0.007 *** (0.001)	0.004 *** (0.001)	0.008 *** (0.002)
Pershar	0.844 *** (0.085)	0.643 *** (0.096)	1.044 *** (0.139)	0.759 *** (0.104)	0.952 *** (0.131)	0.691 *** (0.088)	1.012 *** (0.145)
Em	-0.111 *** (0.030)	-0.101 ** (0.043)	-0.114 *** (0.035)	-0.120 *** (0.039)	-0.095 ** (0.040)	-0.128 *** (0.037)	-0.081 (0.054)
Size	-0.935 *** (0.094)	-0.972 *** (0.135)	-0.851 *** (0.126)	-1.034 *** (0.146)	-0.820 *** (0.116)	-0.940 *** (0.135)	-0.901 *** (0.129)
Curat	0.005 (0.044)	0.111 (0.080)	-0.058 (0.044)	0.040 (0.072)	-0.026 (0.048)	-0.033 (0.056)	0.023 (0.061)
Eiv	0.079 (0.179)	-0.041 (0.211)	0.150 (0.262)	-0.148 (0.212)	0.356 (0.269)	-0.218 (0.202)	0.369 (0.291)
Rdintens	3.999 (2.779)	8.301 ** (3.933)	0.126 (3.400)	5.673 (3.668)	0.895 (3.711)	-0.533 (0.415)	0.181 (0.595)
Hhi5	-0.164 (0.390)	0.058 (0.539)	-0.196 (0.527)	0.187 (0.689)	-0.435 (0.428)	2.451 (2.772)	6.044 (5.065)
Indrd	36.471 *** (5.469)	32.372 *** (8.179)	37.328 *** (6.656)	37.758 *** (9.018)	31.488 *** (6.106)	27.066 *** (6.624)	41.300 *** (7.917)
Constant	21.474 *** (1.989)	22.105 *** (2.951)	19.826 *** (2.650)	23.719 *** (3.140)	18.993 *** (2.433)	22.387 *** (2.911)	20.099 *** (2.687)
Number of code	867	416	451	403	464	406	461
N	5711	2715	2996	2610	3101	2611	3100
R^2	0.0950	0.135	0.0836	0.128	0.0801	0.108	0.0969
F	26.33 ***	15.74 ***	15.87 ***	15.03 ***	15.12 ***	14.91 ***	13.88 ***

变量	低 Mrkt3 子样本 m8	高 Mrkt3 子样本 m9	低 Mrkt4 子样本 m10	高 Mrkt4 子样本 m11	低 Mrkt5 子样本 m12	高 Mrkt5 子样本 m13
Leap	0.018 (0.028)	0.001 (0.030)	-0.027 (0.037)	0.035 * (0.021)	-0.062 ** (0.030)	0.076 *** (0.028)

续表

变量	低 Mrkt3 子样本 m8	高 Mrkt3 子样本 m9	低 Mrkt4 子样本 m10	高 Mrkt4 子样本 m11	低 Mrkt5 子样本 m12	高 Mrkt5 子样本 m13
Revrat	0.009*** (0.002)	0.005*** (0.001)	0.006*** (0.001)	0.007*** (0.002)	0.006*** (0.002)	0.007*** (0.001)
Pershar	0.736*** (0.094)	0.939*** (0.147)	0.868*** (0.137)	0.815*** (0.096)	0.643*** (0.096)	1.044*** (0.139)
Em	−0.093*** (0.026)	−0.175* (0.092)	−0.061* (0.033)	−0.184*** (0.052)	−0.101** (0.043)	−0.114*** (0.035)
Size	−1.012*** (0.115)	−0.880*** (0.146)	−1.028*** (0.139)	−0.830*** (0.124)	−0.972*** (0.135)	−0.851*** (0.126)
Curat	0.039 (0.065)	−0.036 (0.054)	0.024 (0.064)	−0.020 (0.056)	0.111 (0.080)	−0.058 (0.044)
Eiv	−0.084 (0.205)	0.283 (0.297)	−0.068 (0.287)	0.196 (0.216)	−0.041 (0.211)	0.150 (0.262)
Rdintens	−0.600 (0.456)	0.094 (0.623)	0.020 (0.699)	−0.376 (0.397)	8.301** (3.933)	0.126 (3.400)
Hhi5	0.723 (4.019)	7.308** (3.563)	9.040* (4.701)	−0.141 (2.902)	0.058 (0.539)	−0.196 (0.527)
Indrd	45.043*** (8.065)	28.696*** (7.193)	40.251*** (8.213)	31.417*** (6.701)	32.372*** (8.179)	37.328*** (6.656)
Constant	23.204*** (2.406)	20.351*** (3.132)	23.194*** (2.930)	19.599*** (2.662)	22.105*** (2.951)	19.826*** (2.650)
Number of code	438	429	430	437	416	451
N	2857	2854	2854	2857	2715	2996
R²	0.113	0.0865	0.106	0.0944	0.135	0.0836
F	17.72***	11.11***	14.03***	17.11***	15.74***	15.87***

注：括号内为聚类稳健标准误，***代表 $p<0.01$，**代表 $p<0.05$，*代表 $p<0.1$。

从模型 4 和模型 5 的回归结果可以看出，当组织所在地区政府分配资源的比重较低，政府对企业的干预较少，政府规模较小时，研发投入跳跃对组织绩效的回归系数显著为正（$\beta=0.104$；P 值小于 0.01），相反，当组织所在地区政府与市场的关系中政府的支配权较高时，研发投入对组织绩效的关系为负，但是并不显著，假设 1a 得到了支持，即组织所在地区中政府与市场的关系调节研发投入跳跃与组织绩效的正相关关系。

从模型 10 和模型 11 可以看出，当组织所在地区的要素市场（包括金融市场、人力资本市场和科技市场）发育程度较高时，研发投入跳跃对组织绩效的影响显著为正（$\beta = 0.035$；P 值小于 0.1），而当组织所在地区要素市场发育程度较低时，研发投入跳跃对组织绩效的影响为负，但是并不显著，假设 1d 得到了支持。

从模型 12 和模型 13 的结果可以看出，当组织所在地区市场中介组织的服务条件较好，行业协会等发展较为成熟，当地公检法机关执法较为公正及执法效率较高，对知识产权的保护程度较高时，研发投入跳跃对组织绩效的影响显著为正（$\beta = 0.076$；P 值小于 0.01）；反之，当组织所在地区的市场中介发育不太完善，当地法制环境较差时，研发投入跳跃对组织绩效的影响显著为负（$\beta = -0.062$；P 值小于 0.05），假设 1e 得到了支持。

从模型 6~模型 9 的结果可以看出，研发投入跳跃在地区非公有制经济所占比重（Mrkt2）与产品市场发育程度（Mrkt3）两个市场化方面指数的分样本回归系数均不显著，假设 1b 与 1c 没有得到支持。

三、进一步讨论

在转型期，不同的组织形式可能会遇到不同的制度压力，进而影响企业的战略选择（Peng，2003），为作稳健性检验，本章对企业类型（国有企业和非国有企业）进行分组回归发现，企业类型也调节研发投入跳跃与组织绩效的关系，当企业类型为非国有企业时，研发投入跳跃对组织绩效的正向促进作用更强。原因可能是在国有企业，组织内部的经营与战略受行政因素的影响更大，而且在国有企业高层管理者的管理自由度也更低，企业既没有能力也没有动机进行积极的研发管理，因此削弱了研发投入跳跃与组织绩效的正向关系。当市场化程度较高时，正式的市场分配制度对资源起主导作用，研发投入的增加或者降低由管理者根据市场环境来判断，研发投入的变动是内生的、由组织内部驱动的。而在市场化程度较低的地区，政府不适当的干预会降低组织内在创新驱动力，进而导致组织对私人关系网络产生惯性依赖，积极的创新管理能力不足（余泳泽和张先轸，2015）。余明桂等（2010）研究发现，在制度约束弱的地区，企业寻租行为更加盛行，企业往往通过与地方政府建立政治联系来俘获掌握着财政补贴支配权的地方政府官员，以得到更多的财政性补贴。但是，政府的直接和间接支持并不利于技术创新效率的提升（肖文等，2014）。

同时"投资于政治寻租活动的超额收益会吸引更多的社会资源和人才从实体投资领域转移到非生产性的寻租活动中，从而导致对研发等创新性的实体投资活动产生挤出效应，进而导致全社会的投资不足"（余明桂等，2010）。此外，市场化进程会影响管理者感知到的管理自由度，进而影响创新管理的积极性，如张三保和张志学（2012）研究发现，地区制度环境（地区金融发展水平、减少政府干预、司法公正程度以及劳动力的灵活性）与感知到的管理自由度正相关，而管理自由度高的地区，企业风险承担意愿与创新水平更高。

转型期，制度的不完善性主要体现在政府干预过多、市场体系不完善、法律制度不健全（Xu and Meyer，2013）。朱沆等（2016）指出正式制度影响企业创新投入的收益、成本和风险。发达的市场中介提高了组织得到专业化服务和获取信息的容易程度，降低了组织探索的成本，提高了组织探索成功的概率，因此增强了研发投入跳跃对组织绩效的正向影响。当地公检法执法的公正性与效率，以及对知识产权的保护是市场制度得到贯彻执行的强有力的后盾，也是企业创新成果得到保护进而为企业带来经济租的前提。因此，良好的法制和产权保护的制度环境能够保障企业长期投资收益，增强管理者的长期导向，企业进行自主研发的内在动力提高，创新资源的利用效率才能得到提高。相反，如果企业的创新成果不能得到制度上的保护，企业也没有动力进行创新，对私人关系的依赖性更强，探索性创新反倒可能为组织带来更高的政治风险。要素市场的发育方面，金融业的竞争与信贷资金分配的市场化能够拓宽企业长期资金的融资渠道，进而为组织探索提供可能性，同时风险资本或者投资银行的参与能够帮助企业提高风险管理水平，进而降低组织探索与利用转换的风险。技术人员、管理人员等人力资源供应的充裕性为企业进行探索与利用转换提供了条件，当企业转向探索时，除需要大量的资金投入外，也需要更多异质性的知识和技能；当企业转向利用时，需要专注和效率，需要对现有技术和管理人员进行一定的调整，而人力资本市场的发育不仅能够为企业提供异质性的人力资本，降低组织对人力资源的搜索成本，而且能够及时消化企业的冗余人员，实现组织人力资源配置的动态平衡。技术成果交易的市场化能够大大缩短技术创新的周期，降低创新的成本和风险，有助于增加地区的技术溢出水平，同时增加企业可供选择的备择方案数量，降低组织探索和利用转换的风险。

第五节 本章小结

一、主要结论

本章主要讨论了组织研发投入跳跃到底意味着什么？基于市场经济国家的研究发现，研发投入跳跃是组织探索式研发与利用式研发转换的标志（Mudambi，2014），也是积极研发管理的标志（Mudambi，2011）。但是我国经济正处于转型期，正式的市场主导的资源配置的制度体系还没有完全建立起来，特别是在市场化程度较低的地区，政府对资源配置的比重还较大，对企业的干预也可见一斑，产品市场、要素市场以及市场中介组织的发育还不健全，当地司法的公正性和效率还有待提高，对知识产权的保护还不够充分等与市场经济国家的制度体系存在显著差异。为此本章检验了制度环境对企业研发投入跳跃与组织绩效的调节效应。研究结果表明：①市场化进程确实影响研发投入跳跃与组织绩效的关系，总体来讲，在市场化程度较低的地区，研发投入跳跃可能受政治因素的影响，创新活动与组织内部的战略、结构、能力、组织流程和制度文化等不匹配，从而导致低绩效；而在市场化程度较高的地区，研发投入跳跃标志着组织探索与利用的转换，探索与利用活动在时间上的转换有助于组织实现双元性，从而促进组织绩效。②市场化的不同方面对组织研发投入跳跃与组织绩效关系的影响不同，政府与市场的关系，要素市场的发育，市场中介的发育程度与法制环境调节二者的关系，非国有经济的发展和产品市场发育情况对二者关系的调节效应并不显著。

二、理论贡献

本章的理论贡献在于：第一，拓展并深化了对研发投入波动的影响。现有研究要么认为研发投入的波动是管理者收入操纵的结果、短视行为的表现；要么认为是积极研发管理的标志，均没有考虑宏观制度环境的影响，本章将地区的宏观经济制度纳入研发投入波动的收益—风险分析框架中，认为研发投入波动的影响受市场化进程的调节。当地区的市场化程度较高时，研发投入的显著波动（跳跃）代表组织在不同的研发类型之间进行转换，有助于组织在实现效率的同时保持组织柔性，以获取未来的竞争潜力。当地区的市场化程度较低时，组织没有动力和能力进行探索与利用的转换，研发投入波动受外部政治因素的影响比较大，如研发投入的大幅增加可能仅仅是为了避税或者获取政府财政补贴。第二，拓展了市场化进程对微观组织的影响研究。现有研究大多仅仅考察地区市场化指数的总体影响，没有具体检验市场化各方面指数的不同影响（张敏等，2010；余明桂等，2010；朱沆等，2016），本章不但研究了总体指数，而且检验了市场化方面指数的影响，更具有针对性和系统性。研究发现市场化的不同方面影响并不相同，其中，产品市场的发育程度和非国有经济的发展并不会明显增强或者抵消研发投入跳跃与组织绩效的正向关系，但是，政府与市场的关系、要素市场的发育与市场中介的发育和地区法制环境却明显调节研发投入跳跃与组织绩效的关系，当这些方面的市场化程度较高时，研发投入对绩效的影响显著为正，反之则为负向影响。

三、政策启示

本章的政策启示意义在于：第一，辩证看待政府对企业研发投入的引导。本章研究发现，基于政府诱导而非自发进行的研发投入跳跃对绩效是没有帮助的，而基于企业自发的研发投入的波动，才能够真正实现组织研发类型的转换，提高创新资源的利用效率，为组织带来良好的长期绩效。首先政府对研发投入的引导可能会削弱企业本身对研发投入的内在驱动力，导致研发活动类型与组织的内部能力结构和外部市场环境不匹配，进而导致组织资源配置效率低下。其次通过财政补贴等手段引导企业研发投入时，可能会因企业的寻租行为而导致资源的错配。尽管存在这些可能的弊端，本章并非主张政府无所作为，由于研发活动的高风险性和正外部性，适当的政府补贴有助于提高组织研发投入的积极性，进而提高组织效率和技术进步，应该注意的是，建立在更为完善的市场制度基础上的补贴能够真正促进而非异化企业的研发投入和促进企业长期绩效。第二，金融市场、人力资源市场和技术市场的培育能够帮助组织拓宽融资渠道，降低企业获取高层次人才的成本，也有助于缩短组织研发投入的回报周期，因此在市场化制度体系的建设和完善中，要引起重视。第三，当地公检法的公正性和效率，以及对知识产权的保护能够显著提高企业进行自主研发并实施积极的研发管理，说明激励企业进行积极研发管理的路径，除财政补贴、税收优惠等常用的直接干预手段外，营造良好的法制环境尤为重要。第四，中介机构的培育能够降低组织信息搜寻的成本，组织建立在更广泛的信息搜寻与分析基础上的研发类型转换能够降低转换的风险，提高转换的收益。

第五章　高管团队特征对研发投入跳跃的影响

第一节　问题的提出

现有研究已经证实研发投入跳跃的方向、时机和幅度对组织创新和绩效，乃至企业的生存具有重要影响（Mudambi and Swift，2014；Swift，2016），但对哪些因素影响研发投入跳跃却知之甚少。本章将依据高阶理论，探讨高管团队特征对研发投入跳跃的影响。由于高管往往根据其对战略环境的个人化解读采取行动；而且高管的背景特征（如任期、教育和职能背景）对其面临的刺激起过滤和扭曲的作用，这些背景特征可以用来预测高管的战略选择；并且整个高管团队的特性比 CEO 个体的特性具有更好的预测效果（Hambrick and Mason，1984）。因此，本章主要关注高管团队规模、任期、教育背景和职能背景特征及其团队特征分布的异质性对组织探索与利用转换决策的影响。之所以选择这些高管团队特征是出于两方面的考虑：首先，组织所面临的外部环境的复杂性和动态性越来越高，组织决策所需处理的信息也越来越多，为了提高决策质量，组织不得不吸收异质性的成员来提高信息收集和处理的数量和质量；其次，这些高管团队特征也是高阶理论中广泛讨论的话题，由于这些变量本身就是一把双刃剑，既是一种资源，也可能会增加团队冲突，影响团队过程，因此对组织战略决策和绩效的影响一直没有得出一致的结论（Joshi et al.，2011）。本章通过检验高管团队特征对组织创新资源分配的直接影响有利于帮助我们理解高管团队特征是如何影响组织最终绩效的；同时也有助于我们理解什么因素影响组织探索与利用转换的决策，从而为组织实现探索与利用的平衡提供决策依据和参考，也对企业的高管团队建设具有一定的启示意义。

第二节　理论基础与研究假设

一、理论基础

关于高管团队特征对组织战略和绩效的影响，现有文献做出了广泛的探讨。Williams 和 O'Reilly（1998）总结了团队特征和多样性的三大常用理论。从社会分类的角度看，任何显性或者隐性特征在特定情境下都可能被当作分类的依据，如年龄、种族、地位、信仰、组织成员等。一旦被分类，固有印象和偏见等就会随之发生，最终导致团队过程和绩效的改变。社会认同理论与社会分类理论的逻辑很相似，自我分类首先源于个人自尊的心理需要，激发个人与他人进行社会比较。在自我分类的过程中，个体往往会尽力扩大群体（圈子）内部与外部之间的差异，并且认为圈子外的成员是不太可信的，不太诚实的，不具有合作性的。这种自我分类进一步助长了刻板印象、对立和焦虑，因此异质性团队可能会产生满意度的下降，流动率的提高，凝聚力的降低，群体内沟通的减少，冲突的发生，合作的下降。已有研究发现态度、行为或者人口统计学特征的相似性能够增加个体之间的吸引力和喜欢程度，具有相似背景的成员之间更愿意分享人生经验和价值，彼此容易互动，促进正面强化。根据信息决策理论，异质性团队具有更多的结构洞，有机会接触团体之外的信息网络，因此，团队构成的多样性通过增加多样性的能力、技能、信息和知识直接促进组织绩效。van Knippenberg 等（2004）整合了社会分类和信息决策理论，提出了一个整合性的理论框架"分类—雕琢模型"（Categorization-elaboration Model），从过程视角重新审视社会分类理论和信息决策理论，并注重二者的交互过程。

在理论研究的基础上，Ndofor 等（2015）研究了高管团队异质性对资源利用决策和组织绩效的影响，实证结果发现高管团队异质性对资源利用的行动规划具有正向影响，却不利于从行动到绩效的转换。从资源转换为行动需要产生想法、计划与决策，该过程需要很高的认知努力，异质性的团队能够很好地胜任该阶段的任务；然而从行动转换为绩效需要团队成员之间的协作、信息分享和行动的一致性，但是异质性的团队降低了团队的凝聚力和有效的沟通。Guadalupe 等（2014）研究了企业高管团队结构与信息技术投资之间的关系，发现高管的职能类别（产品职能如研发与市场 vs. 管理职能如管理、财务、HR 等）影响企业的信息技术投资。Nadolska 等（2014）研究了高管团队异质性对组织收购的影响，发现异质性的团队对兼并问题的信息分享更多，交流更充分，分析更深入，信息来源更广泛，因此过去的兼并经验知识转化得更好，决策的质量更高；但是决策速度更慢。相对而言，同质性的团队决策速度更快，但是容易将过去的经验简单化，从经验中学习得少。Eesley 等（2014）研究了商业环境和组织战略对创业团队构成和绩效的调节效应，发现在竞争性的商业环境中，异质性的创业团队能够带来更高的组织绩效，在合作性的商业环境和创新导向的公司中，技术导向的创业团队能够带来更高的绩效。Cooper 等（2014）研究了外部环境对高管团队信息断层（informational faultline）和组织绩效的关系，研究发现，在低环境动态性、高复杂性和高丰腴性的环境中，团队成员组成的与任务相关的子群体之间的信息断层有助于促进专业化和分工，从而促进组织绩效；而在高动态性、低复杂性和低丰腴性的环境中，这种信息断层带来的沟通和协调成本负向影响组织绩效。Bjornali 等（2016）研究了高新技术企业中团队构成与团队有效性的关系，发现高管团队多样性与绩效正相关，董事会服务参与（Board service Involvement）起中介作用。Kristinsson 等（2016）研究了创业团队多样性与创新绩效的关系，发现创业团队的信息多样性有助于产生新想法和想法的落实实施，进而有助于转换为新产品和新服务。

从以上研究不难看出，团队信息处理能力和过程以及团队成员关系互动影响高管团队特征对战略和绩效的关系。在利用式研发与探索式研发之间进行转换是一项重要的战略决策，也是一项资源重新配置的决策，更是一项深刻的组织变革决策（Swift，2016），而研发投入跳跃标志着组织研发类型的转换。根据高阶理论，高管团队的认知、偏好和价值观对组织的战略决策具有重要影响。从利用到探索的转换决策需要扩大搜索的广度，需要信息的多样性，需要发现变异，旨在发现新机会、新技术和新能力等，它需要克服组织惯性，克服高管团队对现有地位序列的承诺；而从探索到利用的转换则需要聚焦、执行和效率。下面将从团队成员互动过程与团队信息处理能力和过程两个方面来具体分析高管团队特征与组织研发投入跳跃的关系。

二、高管团队规模与研发投入跳跃

高阶理论特别强调高层管理者及其团队构成对组织战略决策及其绩效的重要作用，高管团队好比一个信息处理中心，团队规模和团队构成决定了高管团队的信息处理能力（Haleblian and Finkelstein，1993；Hambrick and Mason，1984）。Haleblian 和 Finkelstein（1993）认为团队规模大大增加了团队处理信息和制定决策的能力，进而提高了决策的质量；Hill（1982）也认为团队规模大意味着团队的资源和能力也更大；Hambrick 和 D'Aveni（1992）甚至认为团队资源的多寡取决于他拥有多少人。Haleblian 和 Finkelstein（1993）进一步总结了团队规模优势，主要表现在：①增加了可供调动和吸收的信息数量；②增加了关键判断的数量，进而增加了纠正错误的概率；③增加了潜在的可供选择的备选方案的数量；④增加了分析问题的视角。Srivastav 和 Lee（2005）研究发现，高管团队规模越大，潜在的信息多样性越大，发现潜在机会的可能性越大，同时可供使用的潜在资源越多，为组织转向探索式研发提供了条件。因此本章提出以下假设：

假设 1a：高管团队规模与研发投入正向跳跃正相关。

然而，随着团队规模的扩大，也增加了沟通和协调的成本，相比来说小团队一般更具凝聚力，也更容易达成一致意见，决策的效率更高。Amason 和 Sapienza（1997）认为团队规模是团队结构和团队构成情境的一个简约的代理变量，团队规模越大，潜在的不同（如观点、知识、技能等）可能就越多，团队冲突（包括认知冲突和情绪冲突）的可能性也越大。认知冲突能够促使高管团队成员从不同的角度看问题（see different environment），促使成员之间的信息交换，进而提高决策的质量；而情绪冲突则会产生怀疑、威胁、不信任，进而妨碍团队成员之间的信息交换，破坏彼此之间的承诺，降低对决策的认同和承诺，进而影响决策的执行过程，团队成员彼此之间的矛盾也会降低团队成员之间未来交流与合作的意愿（Amason and Sapienza，1997）。因此高管团队规模是一把双刃剑，既是一种资源，也暗含着潜在的认知冲突和情绪冲突，认知冲突有助于决策质量，而情绪冲突则会破坏团队的和谐，不利于决策的有效性。由于高管团队规模拖慢了决策的速度（Weinzimmer，1997），增加了内部冲突和内部斗争的可能性，当面临是否要大幅提高组织研发投入以获取新的竞争优势时，由于探索的效用一般在远期，而大量的研发投入可能会损害当期的组织绩效，根据前景理论，人们在面临近期的损失和远期的收益时，往往会更在乎近期的损失，而选择近期损失规避。同理，在面临是否大幅降低研发投入以转向利用时，往往会更在乎近期的收益而忽略潜在的远期收益，因此更容易达成一致意见，选择大幅降低研发投入。换句话说，组织规模提高了组织进行探索式研发与利用式研发转换的潜在资源和能力，然而由于内部冲突和政治斗争的原因，在面临需要大幅增加研发投入以转向探索时，更难达成一致意见，而当组织面临大幅降低研发投入以转向利用时，由于人们更在乎近期的收益，有助于缓解内部的冲突和斗争，因此在不同的跳跃方向决策时，高管团队规模的影响不同，具体如下：

假设1b：高管团队规模与研发投入正向跳跃负相关。

假设1c：高管团队规模与研发投入负向跳跃正相关。

三、高管团队异质性与研发投入跳跃

与任务相关的异质性是指在经验、技能或者影响工作认知的其他方面，能够增加团队的任务相关的技能、信息和观点的存量，代表了更深入的理解或者创造性决策的潜力（Simons et al.，1999），本章主要关注职业背景、教育背景以及任期三个方面的异质性。与任务相关的异质性能够促进决策的有效性。第一，任务相关的异质性能够为高管团队提供战略决策相关的信息、知识和观点，有效避免群体思维（groupthink），提高信息利用的充分性（greater information use）。第二，异质性常常带来认知冲突，当遇到复杂的、非常规的问题时，团队成员就问题相关的异质性的见解能够产生更多的备择方案，同时认知冲突也会激发个人的创造性，抑制个人自满和错误，从而产生"1+1＞2"的决策效果（Talke et al.，

2010）。第三，从网络的视角来看，有助于扩张团队的外部信息网络，扩大信息获取的渠道，产生可供接触与吸收的信息的乘数效应，从而增加高管团队成员接触新信息、新技术、新见解的机会，增加高管层看待环境中潜在机会和威胁的广度和深度。第四，有助于降低组织刚性，由于高管对现有地位序列产生过度承诺的一个重要原因在于信息获取来源比较单一，没有意识到备选方案的存在（limited awareness of alternatives），因此，信息来源的广度能够提高高管们对新方案的认知和了解，从而降低对现有组织战略和流程的过度承诺和依赖，降低组织进行创新类型转换的难度。第五，异质性有助于团队成员将焦点转移到组织的任务上来。当团队异质性程度较高时，团队成员可能会启用社会再分类过程，削弱对原有的与工作任务不相关的分类（Mullen and Copper，1994），从而降低了对外部成员（outgroup）的偏见，增进团队成员对任务相关的沟通。第六，异质性有助于团队成员信息获取渠道的广泛性，当团队的异质性较高时，团队成员会乐于与其他非工作群体的成员交流，从而增进了信息的多样性，尽管团队内部的信息交换下降，但是从外部获取信息的能力上升，抵消了内部沟通不足的弊端（Williams and O'Reilly，1998）。

Talke 等（2010）指出异质性团队的决策过程有助于高管团队识别新的、有前景的市场和技术机会，同时避免浪费资源的决策，有助于团队将注意力放在创新活动中，形成组织系统的创新领域而非孤立的创新项目，形成创新网络而非以项目为中心的点。高管团队在信息、知识和观点方面的异质性不但有助于团队更好地预测未来的创新机会，而且相伴而生的社会网络和信息网络能够为他们提供更多的信息和资源。Li（2016）从观点采择的角度指出高层管理团队的任务相关的异质性（task-related）有助于实现组织双元性：一方面团队异质性能够带来不同的认知和观点，扩充信息收集的范围，促进对情境的异质性解读，从而促进分化（differentiation）过程；另一方面高层管理者置身于不同的知识来源、决策风格和专业化观点时，会试图分析或考虑与主题相关的其他成员的思想、动机和感受以及为何具有这样或者那样的动机与行为，长期以来有助于形成复杂的心理认知模式，在信息的分享和讨论过程中，增加异质性信息之间的联系，降低知识壁垒，促进对新机会的识别与整合（integration）。相反，较低的异质性很可能会降低双边的信息交换，形成一边倒式的交流（highly distilled communication）。

Simons 等（1999）认为团队成员在经验、技能或者影响工作认知的其他方面的异质性（job-related）能够增加团队任务相关的技能、信息和观点的存量，代表了更深入的理解或者创造性决策的潜力，特别是在面临复杂的决策时，团队成员之间基于多样性的讨论互动过程能够提高决策的质量。

然而，异质性的团队需要更多的协调和监管（Amason and Sapienza，1997）。Williams 和 O'Reilly（1998）通过对近 40 年相关研究系统梳理发现，总体来讲团队异质性的价值体现在提供了更多的异质性的决策相关的信息和观点，但是同时可能会导致团队冲突、沟通和信息交换不足、团队成员满意度下降、团队成员离职率增加等。Buyl 等（2011）研究指出只有团队的异质性和不对称的信息被交换和整合（exchanged & integrated）时，才能对组织绩效产生积极作用。Hambrick 等（1996）也认为，异质性的团队需要社会互动来弥补。有研究认为过度的异质性可能意味着经常性的误解，浪费时间的无效率冲突，但是完全的异质性团队在当今的管理实践中并不存在（Talke et al.，2010）。

Joshi（2011）通过对 20 年的高管团队异质性的 57 篇研究进行梳理发现，80%的研究都关注任期、教育背景和职能背景方面的特征，并没有得出一致的结论，本章关注这三个方面特征对探索式与利用式研发及其转换的影响，能够更直接地反映高管团队异质性对战略决策的影响，并且能够与关注团队异质性对战略变革、研发投入、创新的现有研究互相补充与印证。虽然高管团队职业背景、教育背景和任期都是与工作或者任务相关的异质性，都能够增加团队信息获取和观点采择的多样性，但现有研究发现它们对战略与绩效的影响方向及影响力大小并不一致，即这三方面的异质性并非等价的，可能存在不同的作用机制和效果，如大部分研究发现职业背景的异质性对组织绩效具有正向影响；任期和教育的异质性对绩效的影响并不一致；任期对组织变革的影响比职业背景的影响更大；教育异质性对创新导向的结果具有明显的正向影响。

（一）高管团队任期异质性

任期异质性除了能够增加团队信息网络的多样性和认知冲突外，还有助于降低组织结构和流程的惯性以及组织地位序列的刚性。未被组织社会化的成员或者社会化程度较低的成员对现有地位序列和权力分布造成冲击，有助于打破组织惯性，实现从探索到利用或者从利用到探索的创新类型的转换。在不同的历史时点加入组织的高管在信息网络方面，对组织的资源和能力的了解方面，以及对组织实践和流程的依附性方面都存在差异。不同的任职经历提供了特殊的地位线索，为更准确和相关的专业化准备基础。不同的经历代表不同的知识来源，进而从不同的角度去解读相同的战略问题。在组织中任期较长的高管拥有组织规范和组织能力的潜在知识，从而更擅长利用现有知识基础，而新来者由于缺少相关了解而更倾向于探索（Li，2016）。例如，长任期的高管由于对现有地位序列的承诺会被现实是什么而困住，没有能力去改变，而短任期的高管致力于打造组织应该是什么，长任期和短任期的交错有助于组织创造新的战略议程和战略方向（Hambrick et al.，1993）。相反，当高管们同时加入组织的时候，他们经历了相同的身份，促进他们对事件的一致性看法，因此长期来看，任期异质性有助于防止组织内阶层和权力固化，有助于高管团队内部权力分布的相对分散和均衡，从而促进高管成员之间广泛的参与和信息分享（Haleblian and Finkelstein，1993），因此有助于提高组织探索与利用转换的可能性。

假设2a：高管团队任期异质性与研发投入正向跳跃正相关。

假设2b：高管团队任期异质性与研发投入负向跳跃正相关。

（二）高管团队平均任期

根据Hambrick（1991）的任职周期理论，随着任期的延长，管理者可能慢慢对岗位失去兴趣，嵌入在组织现有的内部社会网络中，信息来源单一，失去探索的动力和能力。以任职周期理论为基础，Luo等（2014）认为任期影响其与组织内部和外部利益相关者的关系，进而影响信息获取渠道，长任期使得CEO的信息获取渠道固定且狭窄，影响其对组织外部知识的接触。Simsek等（2007）认为长任期虽然能够带来组织专用的人力资本和社会资本、知识和权力，但会导致对现有地位序列的黏性和刚性，由于长任期的高管对现有的地位序列过度依赖，不愿意失去好不容易建立起来的社会资本而倾向于抵制变革。Hambrick等（1993）认为高管任期是组织锁定在现有战略或者蓝图的程度的良好代理变量。Miller和Shamsie（2001）通过对好莱坞工作室生产主管的任职周期研究发现学习（感觉到需要学习）和知识塑造了高管的生命周期，他们刚上任的时候认为需要学习（sense the need to learn）；但是随着经验的积累，大多数领导者都会更加了解市场，也更加自信，知识和安全感的增加会让他们觉得学习不是那么紧迫；在职业生涯的后期，非理性因素，如自满和过度自信会进一步减少学习和试验。对于高管团队而言，平均任职时间代表高管团队成员一起共事的时间，由于长期的社会化过程，很可能导致群体思维（group think）、风险规避、抵制变革、对现有地位序列过度承诺（Carpenter，2002）。Finkelstein 和 Hambrick（1990）研究发现平均任期较长的高管团队倾向于保持战略的一致性。Srivastava 和 Lee（2005）认为平均任期较长的高管团队开发新产品的时间更晚、更慢，也更可能成为追随者而非领先者。由于探索与利用的转换是一种重大的组织变革，需要克服组织惯性，而平均任期形成的刚性成为探索与利用转换的绊脚石。因此本章提出以下假设：

假设 3a：高管团队平均任期与研发投入正向跳跃负相关。

假设 3b：高管团队平均任期与研发投入负向跳跃负相关。

然而，较长的任期能够为高管提供时间和权力去影响研发投资决策，任职时间较短的高管对组织内外部环境缺乏了解，对组织决策缺乏影响力，虽然愿意进行探索但是缺乏相应的能力（Zona，2016）。根据学习理论，过去处理风险的经验能够帮助管理者对风险进行更为理性的分析和对待，特别地，经验能够降低实际或者感知到的潜在风险，或者通过提高筛选过程或者通过更全面的风险评估或者通过提高风险管理水平等。随着任期的增长，通过对 TMT 的、组织的和环境的独特的隐性知识积累，能够降低管理层的风险感知，而任期短的高管团队可能缺乏必要的风险意识或者评估，由于知识的缺乏或者合法性的缺乏而使高管团队在任职的初期阶段没有能力进行创新活动的变革（Simsek，2007）。同时，平均任期较长也意味着高管成员对组织有更深入的理解，为此能够为组织制定和选择更为契合组织发展的更有效的战略（Schwenk，2009）。另外，高管成员因长期共事而彼此了解（who knows what），能够增进团队成员之间的信任与合作，提高团队交流互动的质量，促进信息和知识的融合。基于这种长期合作形成的信任有助于顺利实现团队成员之间的知识交换，建立团队之间知识的无缝衔接，通过团队分布式认知降低认知负荷和信息超载问题（Heavey and Simsek，2017），因此本章提出以下对抗性假设：

假设 3c：高管团队平均任期与研发投入正向跳跃正相关。

假设 3d：高管团队平均任期与研发投入负向跳跃正相关。

（三）高管团队职能背景异质性

职能背景的异质性代表高管团队成员过去或现在的职业经历（如生产、研发、销售、财务等）的分布特征。Dearborn 和 Simon（1958）认为与特定职业背景和职业训练相关的目标、报酬和方法体系影响管理者对信息的认知和解释方式。异质性为高管团队提供了不同的知识、技能和观点（Williams and O'Reilly，1998），带来不同却互补的知识和技能（Williams and O'Reilly，1998；Bunderson and Sutcliffe，2003），独特的知识和技能为团队成员带来两种权力，专家权力（expert power）和参考权力（referent power），前者源于能够帮助组织解决关键的不确定性，后者能够激发信任、喜欢和认同，这种权力分布影响资源配置决策，由于个人往往倾向于认同、喜欢和信任那些与自己有相似特征的成员，职业背景的相似性有助于产生参考权力，因此参考权力源于背景的相似性。异质性较高的团队彼此之间的信任和认同度较低，如实验研究发现当信息在各个成员之间较为分散时，个体更不愿意分享独特的知识（Williams and O'Reilly，1998；Wittenbaum and Stasser，1996）。然而也有研究发现职业背景的异质性促进团队成员与外部群体的联系，进而促进信息获取网络的扩大，带来更多的异质性信息，这种信息获取的广度和多样性有利于组织发现潜在的探索机会，因此与研发投入正向跳跃正相关。但是，探索到利用的转换需要执行、聚焦和效率，职能背景的多样性导致内部沟通质量和认同度下降，与效率和聚焦目标相悖，因此与研发投入负向跳跃负相关。

假设4a：高管团队职能背景的异质性与研发投入正向跳跃正相关。

假设4b：高管团队职能背景的异质性与研发投入负向跳跃负相关。

（四）高管团队产出导向的职能经验

Finkelstein 和 Hambrick（1996）认为职业背景带来的认知偏见之所以在最近的高阶理论研究中没有发现有力的证据，原因在于过去几十年在高管培养过程中实施了广泛的职业培训和组织内跨部门的岗位轮换。任职背景带来的认知偏差依然存在，只是学者不应该从单一的职能背景进行划分。可将不同的职能经验划分为产出导向和过程导向两类，产出导向的职能经验包括产品研发、市场和销售，强调通过开发新产品或者新市场以实现销售的增长；而过程导向的职能经验包括会计、财务、生产、管理、法律等，主要目标在于提高组织运营效率。具有过程导向职能背景的高管会认为研发是一种可调节的费用，倾向于调低研发投入；而具有产出导向职能背景的高管倾向于将研发视为重要的投资，往往会高估研发的价值而低估风险，因此喜欢高水平的创新投入（Heyden et al.，2017；Barker and Mueller，2002）。对于高管团队而言，产出导向背景的成员比例越高，越倾向于维持较高的研发投入水平以探索新技术、新产品，一旦发现有市场前景的技术或者产品时，快速调动资源以转向利用从而追求较高的销售增长率，因此高管团队产出部门背景的比例与研发投入负向跳跃正相关。同时，研发或者市场背景的高管倾向于保持较高的研发投入水平（研发强度）以不断探索，倾向一种系统的、有计划的研发布局，所谓"功夫下在平时"，因此很难观测到超出预期的研发投入的大幅增加。

假设5a：高管团队产出导向职能背景的比例与研发投入正向跳跃负相关。

假设5b：高管团队产出导向职能背景的比例与研发投入负向跳跃正相关。

（五）高管团队的教育背景

学历与认知能力和社会资本相关，现有研究发现高管的认知复杂性与受教育程度正相关（Hitt and Tyler，1991；Wally and Baum，1994），而高管的认知复杂性是组织同时追求相互矛盾的探索式创新和利用式创新的重要因素（Smith et al.，2005）。学历水平既是一个常用的人口统计特征的分类标准，也代表了个人的知识和能力（Dijk et al.，2012），是个人通用能力和专用技能水平的代理指标。更高的受教育水平的团队成员自我效能感也更高，也更有能力管理组织重大变革，这种对自身能力的肯定和自信反过来会影响其对变革和创新的态度（Heavey and Simsek，2017）。同时，具有更高受教育水平的高管具有更高的通用性知识，对信息的处理、分析、整合能力更强，对模糊的容忍度更高，对新知识的学习和接受能力也更强，一般也会更具有战略眼光（Datta and Iskandar-Datta，2014）。此外，更高的受教育程度也意味着更具长远视野，因为其选择继续接受教育而非提前参加工作就意味着在短期收益和更大的长期潜在收益之间选择了长期（Lindberg，2009）。在处理大量的不同类型的信息时，受教育水平更高意味着更有效率（Day and Lord，1992），也倾向于将变革视为机会而非威胁（Dutton and Jackson，1987）。Srivastava 和 Lee（2005）研究指出，高管团队的平均学历越高，创新创造的能力越强，新产品开发的时间越早、越快，也越有可能成为先动者而非模仿者。总之，高管团队的受教育水平越高，越倾向于发现机会，越有能力处理变革，越有能力在探索与利用之间转换，因此本章提出以下假设：

假设6a：高管团队平均受教育水平与研发投入正向跳跃正相关。

假设6b：高管团队平均受教育水平与研发投入负向跳跃正相关。

（六）高管团队教育背景异质性

在现有的文献中，往往将高管团队的教育背景与职业背景异质性放在一起来探讨，是因为二者一起塑造了高管的认知、知识和技能（Joshi et al.，2011）；高管团队在这两方面特征的异质性能够为团队带来多样性的知识、技能和观点，同时也可能导致更多的认知冲突和情绪冲突，等等。然而与职能背景不同的是，首先，受教育水平的不同代表了专用性知识技能和通用性知识技能的差别（Datta and Iskandar-Datta，2014），因此学历的异质性也代表高管团队知识类别的异质性，"干中学"的知识与通用知识的交换与互动，理论知识与实践知识的互动交流能够促进新知识的创造。其次，学历异质性一定程度上能够代表团队时间焦点和时间视野的异质性（Lindberg，2009），长期与短期时间焦点的结合能够促进组织探索与利用的平衡。最后，由于个人的网络关系影响他和谁接触、信息流动，以及约束个人行为的规则等，而这些因素都影响探索与利用行为（Rogan，2014）。中国的亲缘、地缘和学缘关系是个人社会网络的重要组成部分，因此教育背景的异质性也构成了高层管理者"学缘"网络的异质性，这种异质性的社会网络能够为组织探索与利用及其转换提供重要的外部信息和资源。

假设7a：高管团队学历异质性与研发投入正向跳跃正相关。

假设7b：高管团队学历异质性与研发投入负向跳跃正相关。

第三节　研究设计

一、样本选取与数据来源

本章选取2007～2015年中国A股所有上市公司为初始样本，数据来自CS-

MAR 数据库和 Wind 数据库，并结合企业网站、企业年报等对部分数据进行了验证。根据研究需要，本书对原始数据做了以下处理：①删除金融保险业的样本；②仅保留连续 5 年及以上有研发投入观测值的样本；③删除销售收入为负的样本；④删除高管团队规模为 1 的样本；⑤删除高管团队成员任期或者职业背景中变量缺漏值大于 1 的样本。

二、变量设计

（一）研发投入跳跃

借鉴 Mudambi 等（2011，2014）和吴建祖等（2015，2016）的测量方法，取 2007~2015 年公司研发投入 GARCH 模型学生化残差的绝对值的最大值作为研发投入跳跃的取值，该模型可以计算一定时期内脱离历史趋势或者预期的研发投入的最大波动程度（即跳跃）并记录其跳跃发生的时间。其计算过程如下：

第一，构建 GARCH 模型，估计研发投入增长的发展趋势，在此基础上计算偏离历史趋势的研发投入残差（e_{it}）。研发投入残差能够衡量在 2007~2015 年时间跨度内，历年的组织研发投入偏离预期的程度或非预期的研发投入的波动程度，如果残差很小，表明组织的年度研发投入较为平稳。

第二，为了提高不同组织的研发投入波动程度的可比性，我们对残差进行了学生化处理，除以残差生成过程的标准差，即

$$e_{it}(stud) = \frac{e_{it}}{s_i \sqrt{(1-h_{it})}}$$

其中，s_i 为 e_{it} 的标准差，h_{it} 为调整 s_i 的杠杆。

第三，计算学生化残差的绝对值的最大值，即

$$e_i(max) = Max_t |e_{it}(stud)|$$

其中，$2007 \leqslant t \leqslant 2015$。

$e_i(max)$ 衡量该时期内研发投入非预期波动的最大程度。如果在该段时期内，组织的研发投入基本平稳，则 $e_i(max)$ 的取值相对较小；如果在该段时期内仅仅发生一两次大的研发投入的变化，则 $e_i(max)$ 的取值相对较大；值得注意的是，如果组织在该段时间内研发投入多次发生大的变化，则 $e_i(max)$ 的取值也较小，因为学生化残差等于残差的预期值除以预期的标准差，如果组织经常发生大的研

发投入变动，则预期的方差或者标准差也较大，两者相除的结果自然也较小。因此只有当组织具有一个长期稳定的研发投入预期时，研发投入突然的上升或者下降才会导致 $e_i(\max)$ 的值较大（Mudambi and Swift, 2014）。

第四，构建两个变量：正向跳跃（Pleap）和负向跳跃（Nleap），正向跳跃的取值为 $e_i(\max)$，如果当年发生了最大程度的波动并且波动方向为正，其他年份取值为 0；负向跳跃的取值为 $e_i(\max)$，如果当年发生了最大程度的波动并且波动方向为负，其他年份取值为 0。具体定义如下：

$$Pleap = \begin{cases} e_i(\max) & \text{if } e_{it}(stud) = e_i(\max) \\ 0 & \text{if } else \end{cases}$$

$$Nleap = \begin{cases} e_i(\max) & \text{if } e_{it}(stud) = -[e_i(\max)] \\ 0 & \text{if } else \end{cases}$$

第五，由于本章采用"两部分模型"来检验高管团队特征对研发投入跳跃的影响，第一部分为通过面板 Logit 模型检验何时跳跃的问题，本章构建两个虚拟变量，即正向跳跃虚拟变量和负向跳跃虚拟变量，其中跳跃当年赋值为 1，其他年份赋值为 0。具体定义如下：

$$Dum\_Pleap = \begin{cases} 1 & \text{if } e_{it}(stud) = e_i(\max) \\ 0 & \text{if } else \end{cases}$$

$$Dum\_Nleap = \begin{cases} 1 & \text{if } e_{it}(stud) = -[e_i(\max)] \\ 0 & \text{if } else \end{cases}$$

（二）高管团队规模

高管团队规模一般用高管团队的总人数来衡量，但是学者们对高管团队的界定却不太一致（Carpenter, 2004），如 Amason 和 Sapienza（1997）认为高管团队并非固定的（semi-stable groups），而是针对特定的决策问题实际参与的成员；Haleblian 和 Finkelstein（1993）将高管团队定义为在组织中担任管理职务的董事会成员（corporate officers who were also hoard members），由于董事会成员代表了一种客观正式的重要的同盟关系，在组织内部担任管理职务代表在一个需要为政策制定最终负责的内部圈子中；Finkelstein 和 Hambrick（1990）认为 TMT 包括 CEO、CFO、COO、CTO 以及业务单元的一把手；贺远琼（2009）认为考虑到我国企业的实际情况，高管团队还应该包括董事长、党委书记等对企业经营管理拥有较大决策权和控制权的相关群体。本章主要参考《中华人民共和国公司法》第一百一十七条，即"公司的经理、副经理、财务负责人，上市公司董事会秘书和公司章程规定的其他人员"，将高管团队定义为对企业的战略和运营管理决策发挥重要作用并最终为决策负责的高层管理人员，包括首席执行官、总经理、代理总经理、总经理助理、执行总经理、常务副总经理、副总经理、财务总监、财务负责人、总会计师、财务总经理、董事会秘书，以及其他职能部门总监或者业务单元一把手等。相关数据来源于 CSMAR 高管人员特征和治理结构数据库。

（三）高管团队平均任期

首先计算每个高管团队成员以年为单位的任期＝统计截止日期－现职任职开始日期，然后计算高管团队平均任期＝∑每个团队成员的任职时间/团队总人数。

（四）高管团队任期异质性

对于分类变量，最常用的方法就是 Blau index，对于连续变量，最常用的就是变异系数，即标准差/均值（Joshi et al.，2011）。首先，计算高管团队成员的现职任职时间；其次，计算团队成员的平均任期（mean-tenr）和任期的标准差（sd-tenr）；最后，计算团队任期异质性 HH-tenr＝sd-tenr/mean-tenr。

（五）高管团队职业背景异质性

参照 Li（2016）对职业背景异质性的测量方法，结合数据的可得性，将高层管理者的职业背景分为 9 类，分别为：生产、研发、设计、人力资源、管理、市场、金融、财务、法律。由于一些高管具有不止一种职业背景，因此我们参照胡望斌等（2014）的计算方法，即高管团队职业背景异质性 $HH\_funback = 1 - \sum_{i=1}^{n} P_i \times \ln(P_i)$，其中 P_i 表示具有某类职能背景的团队成员占团队总数的比例，n 为职能背景类别数量。该值越大，表明高管团队成员之间的异质性越高。

（六）高管团队产出导向职能背景的比例

参照 Heyden 等（2017）的计算方法，将高管团队成员的 9 种职能背景分为两类，其中产出导向包括研发、设计和市场 3 类；过程导向包括生产、人力资源、管理、金融、财务、法律 6 类。高管团队产出导向职能背景的比例＝具有产出导向职能背景的团队成员总数/团队成员总数。

（七）高管团队平均学历水平

首先，为不同的学历水平赋值，学历水平为中专及中专以下赋值为1、大专赋值为2、本科赋值为3、硕士研究生赋值为4、博士研究生赋值为5；其次，计算高管团队平均学历水平=高管团队成员学历得分总和/高管团队成员总人数。

（八）高管团队学历异质性

首先，将学历进行分类，从低到高依次为中专及中专以下、大专、本科、硕士研究生、博士研究生五类；其次，参照已有文献（胡望斌等，2014）计算高管团队学历异质性 $HH-dgr=1-\sum_{i=1}^{n}P_i^2$，其中 P_i 表示具有某类教育背景的团队成员占团队总人数的比例，n 为学历类别数量。该数值越大表示学历异质性越高。

（九）控制变量

根据已有研究对研发投入的影响因素以及探索利用的双元性的相关研究（Zona，2016；Lim，2015；Chen and Miller，2007；Gentry and Shen，2013；Kalyta，2009），控制变量包括外部环境层面、组织层面、公司治理层面和高管团队层面四个方面的变量，具体如下：

环境层面包括：①行业中的技术机会，用行业平均 R&D 强度来衡量，表示在该行业内企业之间的竞争在多大程度上是基于产品或者技术创新的（Zona，2016），该值越高，企业实施积极研发管理的可能性越大。②行业集中度，用行业中销售额前5的上市公司的市场份额的 Herfindal 指数衡量，行业的竞争情况影响企业创新意愿，尽管现有研究并没有得出一致的结论（Zona，2016）。③行业不确定性，用行业平均销售收入的标准差占行业销售收入的平均值来衡量（Lim，2015）。④行业绩效，用行业中组织 ROA 的中位数来衡量。⑤外部资源丰腴性，参照 Gentry 和 Shen（2013）和 Finkelstein 和 Hambrick（1990），本章用（行业销售收入的当期值-上期行业销售收入）/上期行业销售收入来表示。

组织层面包括：①组织绩效，用总资产收益率来衡量，由于现有研究认为当组织绩效低于目标绩效时，组织倾向于增加研发投入以扭转局势（Zona，2016；Chen and Miller，2007），也有研究认为当组织绩效高于目标绩效时，有更多的冗余资源去增加研发投入以进行探索式搜索（Zona，2016；Chen and Miller，

2007）。因此本章参照 Chen 和 Mille（2007）构造两个变量，分别代表组织超过目标绩效的程度（Gap_posroa）和低于目标绩效的程度（Gap_negroa），假定目标绩效为 Pa，实际绩效为 Pr，当 Pr>Pa 时，Gap_pos=Pr-Pa，其他赋值为 0；当 Pr<Pa 时，Gap_neg=Pa-Pr，其他赋值为 0。②财务杠杆，现有研究认为组织研发费用大多来自自有资金，本章用总负债/总资产来衡量。③销售增长率，由于许多企业按销售收入的固定比重进行研发投入（Mudambi and Swift，2014），因此研发投入增长与销售收入增长呈正相关关系，本章用（当年销售收入-上年销售收入）/上年销售收入来衡量。④组织冗余资源，参照 Chen 和 Miller（2007），本章采用运营资本周转率来衡量组织可供使用的冗余资源。⑤组织规模（Size），用公司内员工总数的自然对数来衡量，规模越大，越有资源和能力在探索与利用之间转换。⑥组织年龄，用公司成立至统计截止日期的年数来衡量，年龄越大刚性越大，在不同的创新类型之间转换的可能性越小。

公司治理层面包括：现有研究认为，研发投入的波动是高管收入操纵的结果，为了排除控制和激励因素对研发投入跳跃的影响，本章还控制了如下因素：①董事会规模，现有研究认为大规模的董事会可能会加大团队内部的协调成本，倾向于降低冒险水平，用董事会的总人数来衡量；②外部董事比例，外部董事会增加董事会的独立判断能力，用外部董事总人数/董事会总人数来衡量（Zona，2016）；③股权集中度，用第一大股东持股比例来衡量；④董事长和 CEO 两职兼任情况；⑤薪酬、审计等委员会设立情况，本章用委员会设立总数来衡量；⑥企业性质，国有企业赋值为 0，非国有企业赋值为 1。

高管团队层面包括：①高管团队平均年龄；②高管团队成员性别比例；③高管团队平均持股比例；④高管团队平均薪酬总额；⑤高管团队薪酬水平的相互依赖性，因为 Hambrick 等（2015）指出高管团队异质性是否能够影响团队决策过程取决于团队成员在多大程度上能够相互影响。其计算过程如下：首先计算团队中每个高管成员相比前一年的薪酬总额变化率，其次计算团队成员薪酬总额变化的变异系数，变异系数越大，表示薪酬之间的相互依赖性越小（Hambrick et al.，2015）。具体变量描述如表 5-1 所示：

表 5-1　变量定义

分类	名称	代码	定义
因变量	研发投入跳跃	Pleap	正向跳跃当年赋值为研发投入波动的绝对值的最大值，其他为 0
		Nleap	负向跳跃当年赋值为研发投入波动的绝对值的最大值，其他为 0
		Dum_Pleap	正向跳跃当年赋值为 1，其他为 0
		Dum_Nleap	负向跳跃当年赋值为 1，其他为 0
自变量	高管团队异质性	HH-funback	团队成员职业背景的异质性
		HH-dgr	学历的异质性
		HH-tenr	任职时间的异质性
	高管团队规模	Tmt_numb	高管团队的总人数
	高管团队产出部门背景比例	Tmt-output	高管团队的职业背景为产出部门背景的成员占团队总人数之比
	高管团队平均任期	Tmt-tenr	团队成员任期总年数/团队规模
	高管团队平均学历	Tmt-dgr	受教育程度从低到高赋值后，计算团队成员平均取值
控制变量——环境层面	行业不确定性	Indym	历年的行业销售收入的标准误/行业平均销售收入
	技术机会	Indrdints	行业平均 R&D 强度
	行业绩效	Indroa	行业 ROA 的中位数
	行业集中度	Concentr	行业前 5 名企业市场占有率的 Herfindal 指数
	外部资源丰腴性	Indgrowth	行业销售增长率
组织层面	组织绩效	ROA	总资产收益率
	实际绩效与目标差	Gap-pos	超过目标绩效的值
		Gap-neg	低于目标绩效的值
	财务杠杆	Leverag	总负债/总资产
	销售增长率	Leverag	（当年销售收入-上年销售收入）/上年销售收入
	可利用的组织冗余资源	Workcapt	运营资本/销售收入
	组织规模	Size	员工总数的对数
	组织年龄	Age	成立时间
公司治理层面	董事会规模	Boardsize	董事会总人数
	外部董事的比例	Outsiders	属于董事会成员但又不属于本章定义的高管团队成员
	大股东持股	Blockholder	第一大股东持股比例
	两职兼任	Duality	CEO 和董事长两职兼任情况

分类	名称	代码	定义
公司治理层面	委员会设立情况	Committee	薪酬、审计等委员会设立总数
	是否国有企业	Dum_statown	是否国有控股
高管团队层面	高管团队平均年龄	Tmt-age	团队成员年龄取平均值
	高管团队成员性别比例	Tmt-gend	女性成员占团队总人数的比重
	高管团队平均持股比例	Tmt_share	高管团队平均持股/流通股股数
	高管团队平均薪酬总额	Tmt_salary	高管团队成员的薪酬总额之和/高管团队总人数
	团队薪酬水平相互依赖性	Tmt_dep	高管团队薪酬总额变动的变异系数

三、模型设定

由于本章主要检验两个问题，首先关于何时跳跃的问题，其次关于跳跃幅度大小问题，即如果发生跳跃则跳跃幅度大小的问题。因此本章采用 Tobit 模型的推广形式——"两部分模型"（陈强，2014；周华林和李雪松，2012），即分别设定是否跳跃决策模型和跳跃幅度决策模型。第一部分，设定虚拟变量 Dum_Pleap（代表是否观测到研发投入的正向跳跃）和 Dum_Nleap（代表是否观察到研发投入的负向跳跃），对于该部分模型，可使用全样本进行 Probit 或者 Logit 估计。第二部分，分别设定连续变量 Pleap（正向跳跃幅度）和 Nleap（负向跳跃幅度），对于该部分模型，可分别使用发生正向跳跃的子样本（Dum_Pleap = 1）和发生负向跳跃的子样本（Dum_Nleap = 1）进行 OLS 估计。

第四节　实证检验与结果分析

一、描述性统计

根据我们的初步结果，最初有 1128 家公司在统计期间内研发投入发生了正向跳跃，有 513 家公司发生了显著的负向跳跃，大约是前者的一半。但是由于有些公司高管团队成员的简历信息披露不完整，导致最终参与回归统计分析的公司共有 923 家，其中正向跳跃的公司 631 家，负向跳跃的公司 292 家。高管团队的人数最少的仅为 2 人，最大的为 45 人，90% 的企业高管团队规模集中在 4～12 人，平均为 7 人。高管团队平均任期最长的为 12.959 年，平均任期为 3.410 年，99% 的企业团队平均任期均小于 9 年，小于国外的高管平均任期 10 年，说明我国的高管平均任期小于国外的高管平均任期。高管团队中具有产出导向职能背景的高管占比 42.9%。高管团队的平均学历得分为 3.27 分，说明大部分高管团队的平均学历都达到了本科以上水平。从表 5-2 可以看出，被解释变量和关键解释变量均存在一定的程度变异，适合进行下一步分析。

表 5-2　变量的描述性统计

变量	p50	mean	sd	min	max
Dum_Pleap	0.000	0.124	0.329	0.000	1.000
Dum_Nleap	0.000	0.056	0.230	0.000	1.000
Pleap	0.000	0.151	0.969	0.000	37.214
Nleap	0.000	0.049	0.342	0.000	15.731
Tmt_numb	7.000	7.043	2.582	2.000	45.000
HH_tenr	0.427	0.427	0.346	0.000	2.955
Mean_tenr	3.173	3.410	2.011	0.003	12.959
HH_funback	2.293	2.283	0.401	0.990	3.665
Oput_p	0.429	0.429	0.234	0.000	1.000
HH_dgr	0.694	0.717	0.248	0.000	1.000
Mean_dgr	3.273	3.251	0.535	1.000	5.000
Indgrowth	0.070	0.084	0.287	-0.886	6.474
Workcapt	1.607	2.423	12.853	-63.020	69.898
Indroa	0.040	0.044	0.020	-0.051	0.175
Indrdints	0.023	0.028	0.021	0.000	0.112
Indcentr	0.231	0.265	0.092	0.201	0.956
Indym	4.374	5.269	4.100	0.009	50.626
Salrat	0.117	0.161	0.324	-0.453	1.703

续表

变量	p50	mean	sd	min	max
Gap_neg	0.005	0.019	0.031	0.000	0.166
Gap_pos	0.000	0.010	0.024	0.000	0.157
Roa	0.047	0.052	0.057	−0.127	0.229
Size	7.466	7.560	1.164	3.332	12.838
Org_age	14.558	15.018	4.820	1.011	56.622
Dum dulity	0.000	0.294	0.456	0.000	1.000
Commitee	4.000	3.910	0.461	0.000	7.000
Blockholder	11.301	18.508	17.935	0.166	65.695
Boardindp	0.333	0.371	0.054	0.091	0.714
Dum cntyp	1.000	0.668	0.471	0.000	1.000
Boardsize	9.000	8.745	1.682	4.000	18.000
Gender_p	0.000	0.024	0.062	0.000	0.500
Mean_age	46.125	46.041	3.617	32.800	60.500
HH_age	0.125	0.130	0.052	0.000	0.374
Mean_sharat	0.001	0.047	0.111	0.000	2.492
Tmt_msalary	12.706	12.710	0.645	9.426	15.663
Tmt_indp	0.694	0.570	5.349	−28.076	26.372

由表5-3可以看出：①正向跳跃和负向跳跃显著负相关，正向跳跃 Pleap 与 Dum_Pleap 显著正相关，负向跳跃 Nleap 与 Dum_Nleap 显著正相关，这与变量的预期关系是一致的。②主要解释变量高管团队规模（Tmt_numb）、高管团队任期异质性（HH_tenr）、高管团队平均任期（Mean_tenr）、高管团队职业背景异质性（HH_funback）、高管团队产出导向职能背景（Oput_p）、高管团队平均学历（Mean_dgr）、组织内部可利用的冗余资源（Workcapt）与被解释变量显著相关，初步验证了研究这几个变量与研发投入跳跃之间关系的合理性。③高管团队学历异质性（HH-dgr）与外部环境丰腴性（Indgrowth）与被解释变量的皮尔逊相关系数均不显著，可能原因在于不同行业的高管团队学历异质性（HH-dgr）与环境丰腴性（Indgrowth）存在显著差异，在不考虑行业差异时二者不存在显著相关关系，因此本章在后面做回归分析的时候对行业层面的变量行业绩效（Indroa）、行业技术机会（Indrdints）行业竞争强度（Indcentr）以及行业动态性（Indym）

进行了控制。④被解释变量中相关系数最高的为行业技术机会（Indrdints）和行业动态性（Indym）之间的系数（0.549），说明不存在严重的共线性问题。

表 5-3 Pearson 相关系数矩阵

变量	(1)	(2)	(3)	(4)	(5)	(6)	(7)
Dum_Pleap（1）	1.000						
Dum_Nleap（2）	-0.092***	1.000					
Pleap（3）	0.414***	-0.038***	1.000				
Nleap（4）	-0.053***	0.582***	-0.022**	1.000			
Tmt_numb（5）	0.022**	0.014	0.049***	0.093***	1.000		
HH_tenr（6）	0.055***	0.044***	0.048***	0.037***	0.263***	1.000	
Mean_tenr（7）	0.022**	0.074***	0.026**	0.034***	-0.022**	0.170***	1.000
HH_funback（8）	0.024**	0.009	-0.001	0.004	0.221***	0.093***	0.000
Oput_p（9）	0.010	0.018*	-0.015	0.030***	0.146***	-0.011	0.010
HH_dgr（10）	0.007	0.003	0.013	0.017	0.115***	0.143***	0.008
Mean_dgr（11）	0.005	0.003	0.060***	0.038***	0.093***	0.130***	0.078***
Workcapt（12）	0.015	-0.007	0.029***	-0.023**	0.009	-0.004	-0.001
Indgrowth（13）	-0.005	-0.014	-0.017	-0.008	-0.009	-0.039***	-0.079***
Indroa（14）	0.005	-0.073***	-0.036***	-0.029***	-0.031***	-0.151***	-0.207***
Indrdints（15）	0.060***	0.007	0.012	0.016	0.035***	0.077***	0.150***
Indcentr（16）	-0.011	-0.002	0.002	-0.001	0.021**	-0.008	-0.018*
Indym（17）	0.025**	-0.020*	-0.038***	-0.026**	-0.039***	-0.056***	-0.013
Salrat（18）	0.161***	-0.125***	0.057***	-0.066***	0.028***	-0.028**	-0.152***
Gap_neg（19）	-0.024**	0.022**	-0.012	0.014	-0.025**	-0.011	-0.080***
Gap_pos（20）	0.029***	0.006	0.020*	-0.002	-0.034***	0.031**	-0.047***
Roa（21）	0.049***	-0.067***	-0.004	-0.034***	-0.029***	-0.200***	-0.150***
Size（22）	0.004	0.021**	0.147***	0.082***	0.273***	0.141***	0.148***
Org_age（23）	0.033***	0.039***	0.021**	0.022**	0.026**	0.203***	0.311***
Dum_dulity（24）	0.005	-0.007	-0.031***	-0.025**	-0.052***	-0.099***	-0.003
Committee（25）	0.004	0.012	0.009	0.001	0.040***	0.032***	0.010
Blockshar（26）	-0.031***	0.018*	0.060***	0.046***	0.052***	0.167***	0.246***

续表

变量	(1)	(2)	(3)	(4)	(5)	(6)	(7)
Boardindp（27）	0.004	−0.002	0.020*	−0.002	−0.019*	0.001	0.014
Dum_cntyp（28）	0.023**	0.007	−0.075***	−0.045***	−0.119***	−0.115***	−0.025**
Boardsize（29）	−0.012	−0.002	0.034***	0.045***	0.180***	0.032***	0.003
Gender_p（30）	−0.003	0.000	−0.017	−0.016	−0.146***	−0.035***	0.002
Mean_age（31）	−0.001	0.058***	0.041***	0.049***	0.114***	0.071***	0.302***
HH_age（32）	0.019*	−0.014	−0.030***	−0.024**	−0.018*	0.014	−0.080***
Mean_sharat（33）	0.010	−0.017	−0.035***	−0.029***	−0.144***	−0.182***	−0.160***
Tmt_msalary（34）	0.030***	0.034***	0.064***	0.049***	0.097***	0.023**	0.206***
Tmt_indp（35）	−0.005	−0.007	−0.005	0.001	0.008	−0.005	−0.006

变量	(8)	(9)	(10)	(11)	(12)	(13)	(14)
HH_funback（8）	1.000						
Oput_p（9）	0.482***	1.000					
HH_dgr（10）	−0.125***	−0.221***	1.000				
Mean_dgr（11）	0.014	0.135***	−0.060***	1.000			
Workcapt（12）	−0.009	−0.004	0.006	−0.009	1.000		
Indgrowth（13）	−0.036***	−0.028***	−0.004	0.010	0.007	1.000	
Indroa（14）	−0.036***	0.067***	−0.083***	0.074***	0.043***	0.067***	1.000
Indrdints（15）	0.088***	0.229***	−0.089***	0.119***	−0.017*	−0.032***	0.281***
Indcentr（16）	−0.014	−0.028***	0.015	−0.045***	0.023**	0.123***	−0.030***
Indym（17）	0.007	0.092***	−0.086***	0.031**	−0.024**	−0.058***	0.398***
Salrat（18）	0.013	0.027**	−0.035***	0.049***	0.027**	0.083***	0.184***
Gap_neg（19）	0.013	−0.003	−0.026**	−0.021	−0.028***	−0.025**	−0.031***
Gap_pos（20）	−0.059***	−0.086***	0.052***	0.037***	−0.006	0.013	0.029***
Roa（21）	−0.001	0.089***	−0.120***	−0.029**	0.041***	0.021**	0.365***
Size（22）	−0.028***	−0.094***	0.160***	0.218***	0.031***	−0.013	−0.151***
Org_age（23）	−0.053***	−0.096***	0.108***	0.086***	0.015	−0.039***	−0.125***
Dum_dulity（24）	0.048***	0.066***	−0.110***	−0.063***	−0.017*	−0.013	0.077***
Committee（25）	0.036***	−0.029***	0.004	−0.001	0.004	−0.021**	−0.026**
Blockshar（26）	−0.067***	−0.100***	0.146***	0.163***	0.015	−0.027***	−0.146***
Boardindp（27）	−0.007	−0.015	0.002	0.005	0.007	−0.008	−0.016

续表

变量	（8）	（9）	（10）	（11）	（12）	（13）	（14）
Dum_cntyp（28）	0.116***	0.125***	−0.181***	−0.265***	−0.026**	−0.018*	0.144***
Boardsize（29）	−0.006	−0.027***	0.048***	0.087***	−0.006	0.013	−0.023**
Gender_p（30）	−0.027***	−0.019*	−0.043***	−0.066***	−0.001	−0.004	0.031***
Mean_age（31）	−0.100***	−0.080***	0.144***	0.054***	0.012	−0.033***	−0.176***
HH_age（32）	0.084***	−0.067***	0.024**	−0.182***	−0.010	−0.014	0.034***
Mean_sharat（33）	0.016	0.086***	−0.149***	−0.121***	−0.021**	−0.005	0.120***
Tmt_msalary（34）	−0.016	0.080***	0.003	0.286***	0.045***	−0.001	0.053***
Tmt_indp（35）	0.012	−0.002	−0.003	−0.005	0.013	0.019*	0.018
变量	（15）	（16）	（17）	（18）	（19）	（20）	（21）
Indrdints（15）	1.000						
Indcentr（16）	−0.259***	1.000					
Indym（17）	0.549***	−0.300***	1.000				
Salrat（18）	0.043***	−0.011	0.048***	1.000			
Gap_neg（19）	0.019*	−0.009	0.020*	−0.231***	1.000		
Gap_pos（20）	−0.025**	−0.029***	−0.012	0.199***	−0.244***	1.000	
Roa（21）	0.065***	−0.005	0.140***	0.302***	−0.327***	0.171***	1.000
Size（22）	−0.143***	0.075***	−0.233***	−0.003	−0.088***	−0.036***	−0.100***
Org_age（23）	0.000	0.004	−0.049***	−0.087***	−0.064***	0.053***	−0.160***
Dum_dulity（24）	0.101***	−0.010	0.070***	0.037***	0.031***	−0.019*	0.118***
Committee（25）	−0.020**	−0.036***	−0.013	0.004	0.000	0.004	−0.057***
Blockshar（26）	−0.114***	0.036***	−0.163***	−0.116***	−0.093***	0.012	−0.172***
Boardindp（27）	0.066***	−0.029***	0.018*	−0.028**	0.002	−0.017	−0.013
Dum_cntyp（28）	0.167***	−0.007	0.181***	0.079***	0.039***	−0.033***	0.231***
Boardsize（29）	−0.125***	0.022**	−0.101***	0.001	−0.022**	−0.015	−0.036***
Gender_p（30）	0.026**	−0.002	0.043***	0.013	0.003	−0.016	0.041***
Mean_age（31）	−0.088***	0.001	−0.141***	−0.124***	−0.067***	−0.010	−0.148***
HH_age（32）	−0.015	−0.006	0.053***	0.024**	0.022**	−0.013	0.039***
Mean_sharat（33）	0.065***	−0.021**	0.099***	0.068***	0.105***	−0.047***	0.236***
Tmt_msalary（34）	0.117***	0.016	−0.016	0.046***	−0.082***	−0.069***	0.234***
Tmt_indp（35）	−0.012	0.028**	0.001	0.013	−0.010	0.019*	0.018*

续表

变量	(22)	(23)	(24)	(25)	(26)	(27)	(28)
Size (22)	1.000						
Org_age (23)	0.146***	1.000					
Dum_dulity (24)	−0.192***	−0.081***	1.000				
Committee (25)	0.058***	0.073***	−0.030***	1.000			
Blockshar (26)	0.372***	0.188***	−0.191***	0.024**	1.000		
Boardindp (27)	−0.003	−0.038***	0.105***	−0.007	−0.021**	1.000	
Dum_cntyp (28)	−0.372***	−0.127***	0.308***	−0.046***	−0.417***	0.079***	1.000
Boardsize (29)	0.279***	0.042***	−0.186***	0.064***	0.139***	−0.433***	−0.296***
Gender_p (30)	−0.089***	−0.007	0.044***	−0.013	−0.040***	0.021**	0.089***
Mean_age (31)	0.262***	0.221***	−0.094***	0.050***	0.258***	−0.007	−0.336***
HH_age (32)	−0.190***	−0.004	0.120***	0.001	−0.152***	0.043***	0.270***
Mean_sharat (33)	−0.239***	−0.180***	0.387***	−0.038***	−0.337***	0.118***	0.286***
Tmt_msalary (34)	0.305***	0.150***	−0.004	−0.006	0.145***	0.014	−0.053***
Tmt_indp (35)	0.011	0.018*	0.008	−0.004	0.014	0.010	−0.013

变量	(29)	(30)	(31)	(32)	(33)	(34)	(35)
Boardsize (29)	1.000						
Gender_p (30)	−0.078***	1.000					
Mean_age (31)	0.144***	−0.073***	1.000				
HH_age (32)	−0.105***	0.067***	−0.112***	1.000			
Mean_sharat (33)	−0.134***	0.045***	−0.167***	0.083***	1.000		
Tmt_msalary (34)	0.099***	−0.027***	0.189***	−0.083***	−0.061***	1.000	
Tmt_indp (35)	0.019*	0.015	0.018	0.009	−0.005	0.039***	1.000

注：***代表p<0.01，**代表p<0.05，*代表p<0.1。

二、回归结果分析与讨论

本章采用"两部分模型"来检验高管团队特征对研发投入跳跃的影响。第一部分检验何时跳跃问题，即解释变量为虚拟变量，代表当年是否发生研发投入正向跳跃（负向跳跃），采用的是全样本，根据本章的数据结构，对该部分的检验优先考虑面板 Logit 回归，其次考虑混合 Logit 回归，最后应用 Hausman 检验究竟应该采用哪个模型。但是 Hausman 回归结果显示混合回归更有效率（见表 5-4），因此本章最终选用混合回归，同时采用聚类稳健标准误。第二部分检验跳跃幅度问题，即如果当年组织发生研发投入跳跃，那么跳跃幅度大小问题，因此样本局限在仅仅发生研发投入跳跃的子样本中，对于该部分的检验，直接采用 OLS 回归模型。

表 5-4 回归结果

变量	模型（1）Dum_Pleap	模型（2）Dum_Pleap	模型（3）Dum_Nleap	模型（4）Dum_Nleap	模型（5）Pleap	模型（6）Nleap
Tmt_numb		−0.005 (0.015)		0.003 (0.025)	−0.013 (0.038)	0.161*** (0.026)
HH_tenr		0.359** (0.143)		0.606*** (0.193)	−0.139 (0.310)	−0.337 (0.326)
Mean_tenr		0.060** (0.026)		0.111*** (0.037)	−0.103 (0.068)	−0.060* (0.034)
HH_funback		0.170 (0.111)		−0.043 (0.160)	0.118 (0.292)	−0.636** (0.296)
Oput_p		−0.336* (0.194)		0.750*** (0.282)	−0.554 (0.427)	0.870** (0.387)
HH_dgr		0.521** (0.215)		0.233 (0.343)	−0.099 (0.524)	0.541 (0.446)
Mean_dgr		−0.087 (0.075)		−0.031 (0.123)	0.443** (0.201)	0.165* (0.091)
Indroa	−7.102*** (1.960)	−4.918* (2.573)	−5.946* (3.316)	0.370 (4.435)	−7.100 (7.024)	−0.140 (4.068)
Indrdints	8.587*** (1.583)	5.895*** (2.034)	3.611 (3.000)	−1.922 (4.013)	8.112** (3.764)	11.167* (5.862)
Indcentr	0.280 (0.351)	0.590 (0.375)	−0.106 (0.561)	−0.883 (0.753)	1.100 (0.885)	−1.516* (0.886)
Indym	−0.001 (0.009)	0.002 (0.011)	−0.006 (0.017)	−0.025 (0.022)	−0.020 (0.013)	−0.032 (0.028)
Indgrowth	−0.154 (0.221)	−0.432 (0.370)	0.128 (0.131)	0.126 (0.145)	−0.496 (0.373)	0.030 (0.064)
Salrat	1.326*** (0.096)	1.411*** (0.122)	−2.871*** (0.336)	−2.805*** (0.423)	−0.043 (0.176)	−0.112 (0.236)

续表

变量	模型（1） Dum_Pleap	模型（2） Dum_Pleap	模型（3） Dum_Nleap	模型（4） Dum_Nleap	模型（5） Pleap	模型（6） Nleap
Gap_neg	1.460 （1.234）	2.500* （1.431）	−5.025** （2.052）	−2.269 （2.379）	0.465 （2.378）	1.811 （1.366）
Gap_pos	−1.167 （1.547）	−1.873 （2.019）	3.779* （2.233）	7.362*** （2.658）	1.053 （3.635）	0.782 （1.755）
Roa	1.119* （0.678）	1.910** （0.797）	−2.891** （1.378）	−2.785* （1.530）	−1.596 （1.492）	1.833 （1.832）
Workcapt	0.003 （0.003）	0.005 （0.004）	0.001 （0.004）	0.006 （0.005）	0.019 （0.024）	0.005 （0.003）
Size	0.030 （0.029）	0.045 （0.038）	0.015 （0.048）	−0.045 （0.063）	0.832*** （0.138）	0.176*** （0.063）
Org_age	0.033*** （0.006）	0.019** （0.008）	0.001 （0.010）	−0.004 （0.013）	−0.012 （0.022）	0.007 （0.010）
Dum_dulity	−0.042 （0.076）	−0.105 （0.089）	0.019 （0.121）	−0.116 （0.139）	−0.110 （0.126）	0.166* （0.099）
Committee	−0.023 （0.070）	−0.032 （0.086）	0.003 （0.105）	−0.091 （0.128）	0.166 （0.291）	−0.111 （0.170）
Blockshar	−0.002 （0.002）	−0.004 （0.003）	−0.001 （0.003）	0.000 （0.004）	0.011 （0.009）	0.007** （0.003）
Boardindp	0.701 （0.619）	0.875 （0.780）	−0.414 （0.954）	−0.573 （1.221）	2.982 （3.231）	1.397 （0.974）
Dum_cntyp	−0.041 （0.075）	−0.132 （0.104）	0.355*** （0.122）	0.391** （0.171）	−0.569* （0.305）	−0.228 （0.213）
Boardsize	−0.005 （0.021）	−0.015 （0.029）	−0.014 （0.033）	0.010 （0.042）	0.111 （0.161）	0.108 （0.068）
Gender_p	−0.080 （0.590）	−0.082 （0.696）	−0.093 （0.876）	0.506 （0.982）	−1.389 （0.981）	−0.484 （0.630）
Mean_age	0.004 （0.009）	−0.010 （0.012）	0.021 （0.015）	0.020 （0.019）	0.021 （0.026）	−0.026 （0.017）
HH_age	1.001* （0.587）	−0.188 （0.725）	−0.547 （1.069）	−0.120 （1.290）	0.326 （1.758）	−0.986 （0.870）
Mean_sharat	0.650 （0.415）	0.732* （0.440）	−0.803 （0.938）	−0.372 （1.059）	0.555 （0.582）	−0.361 （0.492）
Tmt_msalary	−0.001 （0.052）	−0.012 （0.068）	0.355*** （0.088）	0.338*** （0.114）	0.040 （0.201）	0.036 （0.087）

续表

变量	模型（1）Dum_Pleap	模型（2）Dum_Pleap	模型（3）Dum_Nleap	模型（4）Dum_Nleap	模型（5）Pleap	模型（6）Nleap
Tmt_indp	−0.005	0.001	−0.007	−0.015**	−0.011	0.026*
	(0.006)	(0.008)	(0.007)	(0.008)	(0.012)	(0.016)
Constant	−3.425***	−3.044***	−7.776***	−7.731***	−9.680***	−1.190
样本数	(0.811) 7278	(1.066) 4963	(1.254) 7278	(1.706) 4963	(3.711) 631	(1.294) 292
R^2	.	.	.	.	0.254	0.386
Adj R^2	.	.	.	.	0.215	0.313
Pseudo R^2	0.0435	0.0523	0.0686	0.0873	.	.
Log likelihood	−2618	−1792	−1461	−1014	.	.
Wald chi2	310.5***	230.8***	183.0***	162.3***	.	.
F 值	.	.	.	.	3.103***	3.165***

注：括号内为稳健标准误，***代表 $p<0.01$，**代表 $p<0.05$，*代表 $p<0.1$。

表5-4中，模型（1）和模型（2）的被解释变量为 Dum_Pleap，模型（3）和模型（4）的被解释变量为 Dum_Nleap，模型（5）的被解释变量为正向跳跃 Pleap，模型（6）的被解释变量为负向跳跃 Nleap，其中模型（1）至模型（4）采用混合 Logit 回归，模型（5）和模型（6）采用普通 OLS 回归。模型（1）和模型（3）是基准组，模型（2）在模型（1）的基础上加入了高管团队特征变量高管团队规模（Tmt_numb）、高管团队任期异质性（HH_tenr）、高管团队平均任期（Mean_tenr）、高管团队职能背景异质性（HH_funback）、高管团队产出导向的职能背景比例（Oput_p）、高管团队学历异质性（HH_dgr）、高管团队平均学历（Mean_dgr），之所以将这 7 个解释变量一起加入而非分步加入回归模型是考虑到团队不同特征之间的相互影响。

从模型（6）可以看出，高管团队规模（Tmt_numb）与研发投入负向跳跃（Nleap）的系数显著为正（0.161），说明团队规模越大，如果组织发生研发投入负向跳跃则跳跃幅度也越大。但是团队规模对跳跃发生的可能性的影响并不显著，说明团队规模对组织当年是否发生研发投入跳跃的影响并不大，但是对于发生负向跳跃的组织来说，团队规模越大，跳跃幅度越大，假设 1c 得到了验证，即高管团队规模与研发投入负向跳跃正相关，但是假设1a和假设1b都没有得到验证，说明团队规模的资源和信息优势与协调难度并存，可能存在一些情境因素对二者的关系起调节作用，因此并没有得出一致的结论。

从模型（2）可以看出，任期异质性（HH_tenr）和高管团队平均任期（Mean_tenr）对组织当年是否发生研发投入正向跳跃（Dum_Pleap）的系数显著为正，由于Logit回归是非线性回归，平均边际效应比系数能更好地反映解释变量的影响（Hoetker，2007），因此本章也计算了变量的平均边际效应。HH_tenr的平均边际效应为0.038，Z值=2.52，P值=0.012；Mean_tenr的平均边际效应为0.006，Z值=2.34，P值=0.019，由此可知，高管团队平均任期和高管团队任期异质性均与研发投入正向跳跃正相关，假设2a和假设3c得到了验证，即高管团队任期异质性和高管团队平均任期均与研发投入正向跳跃正相关。由于假设3a和假设3c是一对对立假设，因此我们拒绝假设3a。从模型（4）可以看出，任期异质性（HH_tenr）和高管团队平均任期（Mean_tenr）对组织当年是否发生研发投入负向跳跃（Dum_Pleap）的系数均显著为正，HH_tenr的平均边际效应为0.032，Z值=3.12，P值=0.002；Mean_tenr的平均边际效应为0.006，Z值=3.02，P=0.003，假设2b即高管团队任期异质性与研发投入负向跳跃正相关和假设3d高管团队平均任期与研发投入负向跳跃正相关均得到了验证。这与Hambrick（1993）、Miller（2001）和Carpenter（2002）的研究结论是不一致的，这可能是由于：第一，相比于西方国家，中国的高管团队平均任期较短，还没有长到抵制学习和变革的出现；第二，中国经济正处于转型期，组织面临的外部环境动态性较高，高管团队不得不持续学习和变革，以维持组织生存，避免被外部环境所淘汰，正如Hambrick（1991）在高管的生命周期论中所言，组织所处的环境是一个调节变量，在舒适的环境中，刚性形成得更快；当组织环境给高层管理者带来适度的压力时，会敦促管理者的学习，降低过度承诺。

高管团队职业背景的异质性（HH_funback）对组织当年是否发生研发投入跳跃的影响都不显著（见模型（2）和模型（4）），假设4a没有得到验证，但是对于发生研发投入负向跳跃的子样本，高管团队异质性显著影响研发投入负向跳跃的跳跃幅度（见模型（6）），假设4b得到了验证，即高管团队职能背景的异质性与研发投入负向跳跃负相关。高管团队职业背景的异质性与研发投入正向跳跃的正向关系没有得到验证，可能的原因是多样化的职业背景转换为有效的组织决策需要积极的团队互动过程（Boone and Hendriks，2009）。如 Hambrick（2007）指出只有当团队成员能够共同分享信息、资源与决策时，团队异质性的积极作用才能实现，由于中国典型"关系取向"的文化特点，团队成员可能为了维持表面的和谐，害怕被孤立，不愿意甚至不敢提出不同的意见和声音，这在很大程度上削弱了团队异质性的信息多样性优势（姚冰湜等，2015）。

高管团队产出导向职能背景比例（Oput_p）与当年是否发生研发投入正向跳跃的系数显著为负（见模型（2）），平均边际效应为-0.035，Z 值=-1.74，P 值=0.082，假设 5a 得到了验证，即高管团队产出导向职能背景的比例与研发投入正向跳跃负相关。高管团队产出导向职能背景比例（Oput_p）与当年是否发生研发投入负向跳跃的系数显著为正（见模型（4）），平均边际效应为 0.040，Z 值=2.66，P 值小于 0.01，假设 5b 得到了验证，即高管团队产出导向职能背景的比例与研发投入负向跳跃正相关。该结果与现有研究结论是一致的，认为产出导向的高管团队认为研发投入是一项能够带来高潜在回报的投资，喜欢保持较高的研发投入以不断探索（Barker and Mueller，2002）。在此基础上，本章的研究结果将该结论向前推进了一步，即系统的新产品研发计划使组织有能力进行创新类型的转换，即一旦出现具有市场前景的研发成果即转向利用和完善以获取高市场增长水平。

在研发投入正向跳跃的子样本中，高管团队平均学历（Mean_dgr）与研发投入正向跳跃的跳跃幅度正相关，回归系数显著为正（0.443）（见模型（5）），假设 6a 得到了验证，即高管团队平均受教育水平与研发投入正向跳跃正相关。在研发投入负向跳跃的子样本中，高管团队平均学历（Mean_dgr）与研发投入负向跳跃的跳跃幅度正相关，回归系数显著为正（0.165）（见模型（6）），假设 6b 得到了验证，即高管团队平均受教育水平与研发投入负向跳跃正相关。说明高管团队平均学历越高，越倾向于积极的研发管理，研发投入跳跃的幅度越大。

高管团队学历异质性（HH_dgr）与研发投入正向跳跃的虚拟变量（Dum_Pleap）的回归系数显著为正（见模型（2）），其平均边际效应为 0.055，Z 值=2.42，P 值=0.016，假设 7a 得到了验证，即高管团队学历异质性与研发投入正向跳跃正相关。高管团队学历异质性（HH_dgr）与研发投入负向跳跃的虚拟变量（Dum_Pleap）的回归系数并不显著，假设 7b 没有得到验证。这可能是由于虽然学历异质性增加了信息的多样性，但是不利于行为的一致性，这与 Srivastava（2005）的研究结果是一致的，即学历异质性越高，组织引进新产品的时间越早，然而学历异质性越高，对竞争对手和市场的反应越慢。

第五节　本章小结

一、研究结论

本章主要关注什么因素影响基于研发的组织探索与利用行为的转换，因为组织的生存和繁荣不仅需要专注与完善以获取现金流，也需要探索新能力、新技术以获取潜在的竞争优势（March，1991），通过探索与利用在时间上的转换能够平衡二者的内在冲突（Gupta et al.，2006）。本章主要从高阶理论的视角去探讨哪些因素影响组织的探索与利用转换，具体地说主要探讨和检验高管团队特征对组织探索与利用转换决策的影响，主要结论如表 5-5 所示。总体来看，高管团队任期异质性、平均学历和产出导向职能背景特征对探索与利用转换的影响得到了实证检验。团队规模、职能背景异质性与学历异质性对探索与利用转换的影响得到了部分支持。具体来讲，高管团队规模与组织研发投入负向跳跃正相关；任期异质性与研发投入正向跳跃和负向跳跃均正相关；高管团队职能背景异质性与研发投入负向跳跃正相关；产出导向职能背景的比例与研发投入正向跳跃负相关，与研发投入正向跳跃正相关；高管团队平均学历与研发投入正向跳跃正相关，与研发投入负向跳跃正相关；高管团队学历异质性与研发投入正向跳跃正相关。

表 5-5　主要假设与检验结果

团队特征	假设：从利用到探索（研发投入正向跳跃）	检验结果	影响概率或幅度	假设：从探索到利用（研发投入负向跳跃）	检验结果	影响概率或跳跃幅度
团队规模	对立假设	不支持	—	正相关	支持	幅度

续表

团队特征	假设：从利用到探索（研发投入正向跳跃）	检验结果	影响概率或幅度	假设：从探索到利用（研发投入负向跳跃）	检验结果	影响概率或跳跃幅度
任期异质性	正相关	支持	概率	正相关	支持	概率
平均任期	对立假设	正相关	概率	对立假设	正相关	概率
职能背景异质性	正相关	不支持	—	负相关	支持	幅度
产出导向背景的比例	负相关	支持	概率	正相关	支持	幅度和概率
平均学历	正相关	支持	幅度	正相关	支持	幅度
学历异质性	正相关	支持	概率	正相关	不支持	—

二、理论贡献

本章主要贡献如下：

（1）丰富并深化了高管团队特征与组织探索和利用的关系研究。Lavie（2010）认为高层管理团队的认知和行为倾向影响组织的探索和利用倾向，高阶理论认为可观测的高管团队特征能够反映团队的认知和行为（Hambrick and Mason，1984），职能背景、教育背景、任期、年龄等统计特征被认为是高管团队的认知和行为倾向的可观测的代理变量，塑造了团队对内外部环境的解读和战略决策的形成。近年来对高管团队特征与探索和利用关系的直接研究越来越多，如 Li（2016）检验了高管团队特征分布的异质性对组织探索与利用双元性的影响，发现异质性的高管团队能够通过分布式认知解决双元性的认知冲突，Heavey 和 Simsek（2017）研究指出高管团队任职时间和职能背景的多样性能够促进高管团队的交互式记忆系统对双元性的正向影响，进而帮助组织同时追求探索与利用。本章依然沿着高管团队特征对探索与利用平衡的研究这一主线，对以上研究成果进行了补充和拓展：首先，本章更系统地检验了高管团队特征，包括高管团队规模、任期异质性与平均任期、学历异质性和平均学历、职能背景异质性与产出导向职能背景的比例对探索与利用转换的影响；其次，在测量上，本章采用组织历史研发投入数据来测量探索与利用的转换，是组织已经发生的资源配置决策，相比来说更为客观；再次，本章将时间因素考虑进了探索与利用的平衡关系中，与空间结构的双元性研究互相补充和验证；最后，从研究结论来看，本章研究发现高管团队的任期异质性对探索与利用的转换具有积极影响，但是职能背景和学历的异质性不同程度地影响探索与利用的转换，说明三种异质性的影响效果和作用机制可能并不相同，针对不同的研究问题应该分别探讨。

（2）丰富并深化了高管团队特征与组织层面研发投入的关系研究。鉴于研发投入对技术创新的重要作用以及高管团队对研发投入决策的直接影响，对二者关系的研究很多，现有研究主要分为两大类，第一类主要关注高管团队特征对研发投入水平或者强度的影响（Barker and Mueller，2002），很少检验对研发投入变化的影响。第二类主要基于代理理论关注高管更替对研发投入变化的影响，关注的时间一般比较短，集中在离任或者继任的前后。本章跨越了两类研究的界限，关注更长周期的研发投入的变化，以及高管团队特征对研发投入极端变化情况的影响。

三、管理启示

本章对高管团队构建与管理具有重要的启示意义。正如联想集团前 CEO 柳传志所说管理三要素"搭班子、定战略、带队伍"，其中首要的是"搭班子"。第一，在"搭班子"的时候要注意团队特征分布的异质性，特别是与任务相关的异质性，如职能背景、任期和教育背景，团队的异质性有助于组织信息来源的广泛性和多样性，特别是任期的异质性有助于打破团队现有的地位序列，预防组织刚性，保持战略与环境的匹配性。第二，要适当保持团队的稳定性，因为高管团队平均任较长能够通过长时间的磨合提高团队成员的内部社会资本，增强彼此间的信任和合作，增进对组织内外部环境的理解深度。第三，要适当提高团队的学历水平，因为较高的受教育程度不仅代表更高的认知复杂性、知识和能力，也影响团队对风险的态度以及时间视野。第四，要辩证地看待团队规模，统计发现 90% 的企业高管团队规模集中在 4~12 人，平均为 7 人，规模大虽然能够带来信息和资源优势，但是也可能带来冲突和协调的难度，牺牲决策的速度。

四、研究局限与展望

不得不承认本章存在以下局限：第一，很难确定上市公司公布的高管团队是一个真实的工作团队，可能有些团队成员没有实际参与研发投入的决策也未可知，虽然一直以来，学者对高管团队的界定都不太一致（Carpenter and Sanders，2004）。第二，通过高管团队特征来推测团队决策虽然有一定的理论依据，但是缺乏对决策过程的直接观察，也缺乏对团队成员心理特征的测量，更缺乏对团队动态特征的考虑。未来的研究可以通过案例研究来直接考察高管团队对研发投入的决策过程，如顶级期刊 AMJ 一篇最新的研究就是关于自下而上的创新项目是如何得到投资或者被放弃的（Criscuolo et al.，2017），但是这篇研究主要关注单个研发项目的决策过程及影响因素，那么对于组织具有重大战略意义的探索式研发与利用式研发的转换与这种单个的、小型的研发项目的决策应该存在差别，未来的研究可以追踪探究重大项目的决策过程。第三，未来的研究也可以关注团队过程和团队心理状态的变化对组织探索与利用转换的影响（Knippenberg and Mell，2016）。

第六章　结论与展望

本书围绕着"如何实施积极的研发管理以平衡组织长期与短期，效率和柔性，进而提高组织绩效"这一议题展开的。通过引入探索与利用理论、间断式平衡理论、制度理论和高阶理论来探讨研发投入跳跃的前因、后果和调节效应，将理论与研究问题结合，一方面，有助于对研发的深入理解和解读，另一方面有助于理论的完善和拓展。

第一节　主要研究结论

首先，从间断式平衡的收益和风险视角分析并检验了组织研发投入跳跃对组织绩效的影响，并分析了组织外部环境和内部能力对组织研发投入跳跃和组织绩效之间关系的调节作用。研究结果表明：①组织层面的研发投入跳跃对组织绩效的影响呈倒 U 形关系，即通过研发类型的转换，组织能够既充分利用现有的能力和资源优势，又能够保持组织灵活性以获取先动优势。然而研发类型的转换也会给企业带来风险和成本，并且转换的风险和成本随着跳跃幅度的增加而增加。②组织所处的行业的技术动态性调节研发投入跳跃与组织绩效的关系。当组织的外部技术动态性更高时，环境中的机会更多，双元性的收益更大，因此组织研发投入跳跃对组织绩效的正向作用更强，拐点也更高。③组织吸收能力也对组织研发投入跳跃和组织绩效的关系起调节作用。组织的吸收能力能够帮助组织在探索与利用之间顺利转换，降低转换的风险和成本，促使研发投入跳跃对组织绩效的正向影响更大，拐点也更高。

其次，从我国转型经济的特殊制度背景——市场化进程对组织战略和绩效的影响视角出发，分析并检验了市场化进程对组织研发投入跳跃和组织绩效关系的调节效应。研究结果表明：①总体市场化进程调节研发投入跳跃与组织绩效的关系，即在总体市场化程度较低的地区，研发投入跳跃负向影响组织绩效；而在市场化程度较高的地区，研发投入跳跃正向影响组织绩效。②市场化进程的不同方面对组织研发投入跳跃与组织绩效关系的调节效应不同，政府与市场的关系、要素市场的发育、市场中介的发育程度与地区法制环境显著调节研发投入跳跃与组织绩效的关系，非国有经济的发展和产品市场发育情况对二者关系的调节效应并不显著。具体来说，产品市场的发育程度和非国有经济的发展并不会明显增强或者抵消研发投入跳跃与组织绩效的正向作用，但是，政府与市场的关系、要素市场的发育与市场中介的发育和地区法制环境却明显调节跳跃与组织绩效的关系，当这些方面的市场化程度较高时，研发投入对绩效的影响显著为正，反之则为负向影响。这说明我国市场化进程不仅在地区间存在差异，而且在各维度间也存在差异。

最后，应用高阶理论探讨并检验了高管团队特征对研发投入跳跃的影响。研究结果表明，总体来看，高管团队任期异质性、平均学历和产出导向职能背景特征对探索与利用转换的影响得到了实证检验。团队规模、职能背景异质性与学历异质性对探索与利用转换的影响得到了部分支持。具体来说，高管团队规模与组织研发投入负向跳跃正相关；任期异质性与研发投入正向跳跃和负向跳跃均正相关；高管团队职能背景异质性与研发投入负向跳跃正相关；产出导向职能背景的比例与研发投入正向跳跃负相关，与研发投入正向跳跃正相关；高管团队平均学历与研发投入正向跳跃正相关，与研发投入负向跳跃正相关；高管团队学历异质性与研发投入正向跳跃正相关。

第二节　理论贡献

（1）深化并丰富了研发投入波动性和组织绩效的关系研究。以往对二者关系的研究分为两个阵营："平稳论"认为稳定的研发投入是组织获取并保持竞争优势的保障（Qian et al.，2017；He and Wong，2004），富有成效的研发成果是长期知识积累的结果，而这依赖于持续稳定的研发投入，而研发投入波动通常意味着管理层为了迎合预期或者平滑绩效而进行的"收入操纵"，是管理者短视行为的表现（Gentry and Shen，2013；Heyden et al.，2017；Zona，2016），因为研发投入波动而导致的研发人员的流失是对组织核心资源和能力的破坏。"波动论"则认为随着新产品的开发然后投入市场，组织的研发投入也应该经历先上升后下降的过程（Dimasi et al.，2003）。由于技术的不连续性，组织的研发管理也遵循持续平稳的研发投入被短期、显著的研发投入变化所打破，这种间断式的研发投入模式意味着组织在平稳期以利用式研发为主，而在动荡期以探索式研发为主，而高绩效组织能够在二者之间顺利转换（Mudambi and Swift，2011，2014）。因此该学派认为研发投入的剧烈波动或跳跃是组织主动适应环境以获取竞争优势的标志，而持续平稳的研发投入是管理者无能的表现，表明管理者无法判断哪些研发项目应该终止，哪些应该加大投入。本书的研究丰富并深化了研发投入的"波动论"，既承认研发投入跳跃有利于组织兼顾探索与利用、效率与柔性、长期与短期，又指出转换作为一种深刻的组织变革存在风险，这种收益和风险随着跳跃程度的增加而增加，但是不同阶段增加的快慢不同。本书采用中国上市公司的纵向历史数据，分析并检验了研发投入波动对组织绩效的影响，发现了二者的新关系，同时找到了研发投入跳跃对组织绩效影响的新边界，为相关研究提供了新的实证证据。

（2）为转型期经济制度环境对微观组织的资源配置决策及决策效果的影响积累了新的实证证据，同时也推进了研发投入跳跃与组织绩效关系的情境化研究。自 Peng（2003）提出"经济转型期"概念以来，学者对其关注的热情从未减退过。由于市场化水平决定了地区经济发展的各种正式和非正式的制度体系，进而对组织战略和绩效具有重要影响，现有研究广泛探讨了市场化进程对组织现金持有、权益资本成本、企业价值、企业风险承担行为、企业研发强度等的影响（杨兴全等，2014；靳庆鲁等，2010；李文贵和余明桂，2012；纪晓丽，2011等）。本书首先将地区的宏观经济制度纳入研发投入跳跃的影响框架中，认为研发投入跳跃对组织绩效的影响受市场化进程的调节。与此同时，也推进了研发投入跳跃与组织绩效关系的情境化研究。目前对二者关系的研究要么在西方市场经济制度背景下进行，要么对西方提出的理论采用中国数据进行验证，均没有深刻考虑我国转型经济制度背景的复杂性与特殊性。其次，现有对组织研发投入跳跃的相关研究或者基于 CEO 个体层面、或者基于高管团队层面、或者基于组织层面、或者基于行业环境层面，均没有考虑宏观经济制度环境的影响，本书将我国市场化进程纳入研发投入跳跃对组织绩效的影响框架中，研究发现研发投入跳跃对绩效的影响受市场化进程的调节，找到了研发投入跳跃与组织绩效影响的新边界。最后，本书不但检验了总体市场化进程的调节效应，而且检验了五个细分的市场化方面指数的调节效应，更具有针对性和系统性。

（3）系统地检验了高管团队特征对组织研发投入跳跃的影响，丰富并深化了研发投入跳跃的前因研究。首先，本书系统检验了高管团队异质性、规模、平均学历、平均任期及产出导向职能背景的比例对组织研发投入跳跃的跳跃方向、跳跃时间和跳跃幅度的影响。其次，现有高管团队特征对组织研发投入决策的影响主要分为两大类：第一类主要关注高管团队特征对研发投入水平或者强度的影响（Barker and Mueller，2002），很少检验对研发投入变化的影响。第二类主要基于代理理论关注高管更替对研发投入变化的影响，关注的时间一般比较短，集中在离任或者继任的前后。本书跨越了两类研究的界限，关注更长周期的研发投入的变化，以及高管团队特征对研发投入极端变化情况的影响。

第三节　实践与政策启示

本书对企业经营管理、董事会以及政府决策都具有一定的启示意义：

首先，对于经营管理者关心的问题，"企业要不要维持相对稳定的研发投入或者研发投入水平"，具有一定的启示意义。尽管许多学者和企业家都将企业的创新归功于研发投入强度，要么将企业的研发投入与销售收入挂钩，保持固定的研发投入强度，要么保持平稳的研发投入。本书的研究结果表明，企业是否需要保持平稳的研发投入应该视情况而定。第一，应该认识到适当的研发投入波动是有助于促进企业绩效的。对研发项目实施积极的管理，对项目进行调查筛选，实时砍掉不具有前景的项目；同时增强组织对外部知识的搜寻，当新机会出现的时候适当增加研发投入是有利于企业绩效提升的。但也应该认识到研发投入剧烈波动的风险和成本：当组织突然增加研发投入时，会自觉不自觉地放松项目筛选标准，造成风险的增加，此时应该加强信息收集工作，并与内部研发人员进行充分的沟通，以提高项目决策的速度和科学性。第二，当组织进行创新活动类型的转换时，会面临既有的制度、结构和网络惯性的制约，增加转换的难度，此时应该自上而下地进行组织结构和制度规范的变革，以与创新过程进行匹配。第三，当进行研发类型的转换时，应该对研发人员进行一定的引导和内部转移，以防止人力资本的大量流失，以此降低研发类型转换的风险和成本。第四，企业在进行研发投入决策的时候，还应该考虑自身的能力因素，当组织的吸收能力较强时，组织可以更多追求双元性，提高探索与利用转换的幅度和速度。换句话说，企业要努力提高自身的人力资本和知识积累以增强自身的吸收能力，从而最大化双元性的收益，最小化转换的风险和成本。第五，企业在进行研发投入决策的时候，还应该考虑外部环境，特别是技术环境因素，在高度技术动态性的行业环境中，外部技术机会更多，而内部的技术和产品更新换代更快，企业需要保持高度的灵活性以获取和保持竞争优势；而在相对稳定的环境中，保持平稳的研发投入方为上策，因为不可预期的波动会妨碍组织稳步学习与提高的进程，进而影响组织绩效。

其次，对董事会关心的问题，"应该构建什么样的高管团队"具有一定的启示意义。正如联想集团前 CEO 柳传志所说管理三要素"搭班子、定战略、带队伍"，其中首要的是"搭班子"。第一，在"搭班子"的时候要注意团队特征分布的异质性，特别是与任务相关的异质性，如职能背景、任期和教育背景，团队的异质性有助于组织信息来源的广泛性和多样性，特别是任期的异质性有助于打破团队现有的地位序列，预防组织刚性，保持战略与环境的匹配性。第二，要适当保持团队的稳定性，因为高管团队平均任期较长能够通过长时间的磨合提高团队成员的内部社会资本，增强彼此间的信任和合作，增进对组织内外部环境的理解深度。第三，要适当提高团队的学历水平，因为较高的受教育程度不仅代表更高的认知复杂性、知识和能力，也可能影响团队对风险的态度以及时间视野。第四，要辩证地看待团队规模，统计发现 90% 的企业高管团队规模集中在 4～12人，平均为 7 人，规模大虽然能够带来信息和资源优势，但是也可能带来冲突和协调的难度，牺牲决策的速度。

最后，对于政府决策部门而言，本书的政策启示意义在于：第一，辩证看待政府对企业研发投入的引导。本书研究发现，基于政府诱导而非自发进行的研发投入跳跃对绩效是没有帮助的，而基于企业自发的研发投入的波动，才能够真正实现组织研发类型的转换，提高创新资源的利用效率，为组织带来良好的长期绩效。①政府对研发投入的引导可能会削弱企业本身对研发投入的内在驱动力，导致研发活动类型与组织的内部能力结构和外部市场环境不匹配，进而导致组织资源配置效率低下。②通过财政补贴等手段引导企业研发投入时，可能会因企业的寻租行为而导致资源的错配。尽管存在这些可能的弊端，本书并非主张政府无所作为，由于研发活动的高风险性和正外部性，适当的政府补贴有助于提高组织研发投入的积极性，进而提高组织效率和技术进步，应该注意的是，建立在更为完善的市场制度基础上的补贴能够真正促进而非异化企业的研发投入和促进企业长期绩效。第二，金融市场、人力资源市场和技术市场的培育能够帮助组织拓宽融资渠道，降低企业获取高层次人才的成本，也有助于缩短组织研发投入的回报周期，因此在市场化制度体系的建设和完善中，要引起重视。第三，当地公检法的公正性和效率，以及对知识产权的保护能够显著提高企业进行自主研发并实施积极的研发管理，说明激励企业进行积极研发管理的路径，除财政补贴、税收优惠等常用的直接干预手段外，营造良好的法制环境尤为重要。

第四节　研究局限及展望

本书的研究局限及未来研究展望如下：第一，本书用偏离历史趋势的最大值来测量研发投入跳跃，并假定其他年份都是平稳变化的，但是事实上，其他年份并非平稳变化的，而本书没有考虑其他年份研发投入的变动情况。未来的研究可以检验研发投入跳跃前后的变动方向与跳跃方向对绩效的影响，如是否连续几年的研发投入的同方向波动比单一年份的剧烈跳动更好？即"摸着石头过河"和"大跃进"孰好孰坏？何种情境下更好？

第二，本书假定研发投入跳跃背后的理论含义为：企业探索式研发与利用式研发的转换。虽然已有间接的证据证实了该推论的合理性，如当研发投入发生正向跳跃的当年及其后两年内，组织产生突破性研究成果的概率更高，组织知识创造的范围更广泛等，然而并没有直接的证据如关注研发活动的过程特点。未来的研究可以采用质性研究具体探究探索式研发与利用式研发的转换过程及其特点。

第三，在探讨高管团队特征对研发投入跳跃的影响关系时，很难确定上市公司公布的高管团队是一个真实的工作团队，可能有些团队成员没有实际参与研发投入的决策也未可知。

第四，通过高管团队特征来推测团队决策虽然有一定的理论依据，但是缺乏对决策过程的直接观察，也缺乏对团队成员心理特征的测量，更缺乏对团队动态特征的考虑。未来的研究可以通过案例研究来直接观察团队对研发投入的决策过程，如顶级期刊 AMJ 一篇最新的研究就是关于自下而上的创新项目是如何得到投资或者被放弃的（Criscuolo et al.，2017），但是这篇研究主要关注单个研发项目的决策过程及影响因素，那么对于组织具有重大战略意义的探索式研发与利用式研发的转换与这种单个的、小型的研发项目的决策应该存在差别，未来的研究可以追踪探究重大项目的决策过程和团队心理状态的变化对组织探索与利用转换的影响（Knippenberg and Mell，2016）。

第五，本书仅关注了企业内部的研发活动及研发资金在时间上的分配问题，并没有考虑未来在开放式创新的大趋势下（Chesbrough，2003），企业内部的研发投入与外部研发联盟的互动关系。未来的研究可以更多探讨企业内外部研发资源的分配以及长期与短期创新资源的分配。

参考文献

［1］Adler P S, Goldoftas B, Levine D I. Organization science flexibility versus efficiency? a case study of model changeovers in the toyota production system ［J］. Organization Science, 1999, 10 (1): 43-68.

［2］Ahuja G. Collaboration networks, structural holes, and innovation: A longitudinal study ［J］. Administrative Science Quarterly, 2000, 45 (3): 425-455.

［3］Ahuja G, Lampert C M. Entreprenuership in the large corporation: A longitudinal study of how established firms create breakthrough inventions ［J］. Strategic Management Journal, 2001 (22): 521-543.

［4］Aiken L, West S. Multiple regression: Testing and interpreting interactions ［M］. Newbury Park, CA: Sage, 1991.

［5］Amason A C, Sapienza H J. The effects of top management team size and interaction norms on cognitive and affective conflict ［J］. Journal of Management, 1997, 23 (4): 495-516.

［6］Anderson J C, Gerbing D W. Structural equation modeling in practice: A review and recommended two-step approach ［J］. Psychological Bulletin, 1988, 103 (3): 411-423.

［7］Anderson P, Tushman M L. Technological discontinuities and dominant designs: A cyclical model of technological change ［J］. Administrative Science Quarterly, 1990, 35 (4): 604-633.

［8］Andriopoulos C, Lewis M W. Exploitation-exploration tensions and organizational ambidexterity: Managing paradoxes of innovation [J]. Organization Science, 2009, 20 (4): 696-717.

[9] Argyres N. Capabilities, technological diversification and divisionalization [J]. Strategic Management Journal, 1996, 17 (5): 395-410.

[10] Argyris C, Sch N D A. Organizational learning: A theory of action perspective [M]. Reading, MA: Addison-Wesley, 1978.

[11] Armstrong J S, Overton T S. Estimating non response bias mail surveys [J]. Journal of Marketing Research, 1977 (14): 396-402.

[12] Arrow K. The Economic implication of learning by doing [J]. Review of Economics & Statistics, 1962, 29 (3): 131-150.

[13] Atuahene-Gima K. Resolving the capability-rigidity paradox in new product innovation [J]. Journal of Marketing, 2005, 69 (4): 61-83.

[14] Atuahene-Gima K, Li H. Strategic decision comprehensiveness and new product development outcomes in new technology ventures [J]. Academy of Management Journal, 2004, 47 (4): 583-597.

[15] Atuahene-Gima K, Murray J Y. Exploratory and exploitative learning in new product development: A social capital perspective on new technology ventures in China [J]. Journal of International Marketing, 2007, 15 (2): 1-29.

[16] Auh S, Menguc B. Balancing exploration and exploitation: The moderating role of competitive intensity [J]. Journal of Business Research, 2005, 58 (12): 1652-1661.

[17] Barkema H G, Chen X, George G, Luo Y, Tsui A S. West meets east: New concepts and theories [J]. Academy of Management Journal, 2015, 58 (2): 460-479.

[18] Barker V L, Mueller G C. CEO Characteristics and firm R&D spending [J]. Management Science, 2002: 782-801.

[19] Barley S R. Images of imaging: Notes on doing longitudinal field work [J]. Organization Science, 1990, 1 (3): 220-247.

[20] Barney J B, Zhang S. The future of Chinese management research: A theo-

ry of Chinese management versus a Chinese theory of management [J] . Management and Organization Review, 2009, 5 (1): 15-28.

[21] Barney J. firm resources and sustained competitive advantage [J] . Journal of Management, 1991, 17 (1): 99-120.

[22] Beckman C M. The influence of founding team company affiliations on firm behavior [J] . Academy of Management Journal, 2006, 49 (4): 741-758.

[23] Benner M J, Tushman M L. Exploitation, exploration, and process management: The productivity dilemma revisited [J] . Academy of Management Review, 2003, 28 (2): 238-256.

[24] Benner M J, Tushman M L. Reflections on the 2013 decade award— "Exploitation, exploration, and process management: The productivity dilemma revisited" ten years later [J] . Academy of Management Review, 2015 (40): 497-514.

[25] Benner M J, Tushman M. Process management and technological innovation: A longitudinal study of the photography and paint industries [J] . Administrative Science Quarterly, 2002, 47 (4): 676-707.

[26] Beyer S, Bowden E M. Gender differences in self-perceptions: Convergent evidence from three measures of accuracy and bias [J] . Personality & Social Psychology Bulletin, 1997, 23 (2): 157-172.

[27] Birkinshaw J, Gibson C. Building ambidexterity into an organization [J] . Mit Sloan Management Review, 2004, 45 (4): 47.

[28] Bjornali E S, Knockaert M, Erikson T. The impact of top management team characteristics and board service involvement on team effectiveness in High-Tech Start-Ups [J] . Long Range Planning, 2016, 49 (4): 447-463.

[29] Boone C, Hendriks W. Top Management team diversity and firm performance: Moderators of functional-background and locus-of-control diversity [J] . Management Science, 2009, 55 (2): 165-180.

[30] Bower J L, Hout T M. Fast-cycle capability for competitive power [J] . Harvard Business Review, 1988 (66): 92-113.

[31] Brancheau J C, Wetherbe J C. Key issues in information systems manage-

ment〔J〕. Mis Quarterly, 1987, 11（1）: 23-45.

〔32〕 Bromiley P, Rau D, Zhang Y. Is R&D risky?〔J〕. Strategic Management Journal, 2017, 38（4）: 876-891.

〔33〕 Brown S L, Eisenhardt K M. The art of continuous change: Linking complexity theory and time-paced evolution in relentlessly shifting organizations〔J〕. Administrative Science Quarterly, 1997, 42（1）: 1-34.

〔34〕 Bunderson J S, Sutcliffe K M. Management team learning orientation and business unit performance〔J〕. Journal of Applied Psychology, 2003, 88（3）: 552.

〔35〕 Burgelman R A. Strategy as vector and the inertia of coevolutionary lock-in〔J〕. Administrative Science Quarterly, 2002, 47（2）: 325-357.

〔36〕 Burgelman R A. A process model of internal corporate venturing in the diversified major firm〔J〕. Administrative Science Quarterly, 1983, 28（2）: 223-244.

〔37〕 Burgelman R A. Intra-organizational ecology of strategy-making and organizational adaptation〔J〕. Organization Science, 1991, 2（3）: 239-262.

〔38〕 Burns T, Stalker G M. The management of innovation〔M〕. London: Tavistock, 1961.

〔39〕 Buyl T, Boone C, Hendriks W, Matthyssens P. Top management team functional diversity and firm performance: The moderating role of ceo characteristics〔J〕. Journal of Management Studies, 2011, 48（1）: 151-177.

〔40〕 Cao Q, Gedajlovic E, Zhang H. Unpacking organizational ambidexterity: Dimensions, contingencies, and synergistic effects〔J〕. Organization Science, 2009, 20（4）: 781-796.

〔41〕 Carpenter M A. The implications of strategy and social context for the relationship between top management team heterogeneity and firm performance〔J〕. Strategic Management Journal, 2002, 23（3）: 275-284.

〔42〕 Carpenter M A, Sanders W G. The effects of top management team pay and firm internationalization on mnc performance〔J〕. Journal of Management, 2004, 30（4）: 509-528.

［43］ Cash J I, Mckenney J L, Mcfarlan F W. Corporate information systems management: The issues facing senior executives ［J］ . R. D. Irwin, 1988, 314 (12): 184-190.

［44］ Chen G, Hambrick D C. CEO replacement in turnaround situations: Executive (mis) fit and its performance implications ［J］ . Organization Science, 2012, 23 (1): 225-243.

［45］ Chen W R, Miller K D. Situational and institutional determinants of firms' R&D search intensity ［J］ . Strategic Management Journal, 2007, 28 (4): 369-381.

［46］ Chesbrough H W. Open Innovation: The new imperative for creating and profiting from technology ［M］ . Boston, MA: Harvard Business Review Press, 2003.

［47］ Christensen C M. The innovator's dilemma: When new technologies cause great firms to fail ［M］ . Boston, MA: Harvard Business School Press, 1997.

［48］ Clark K B, Chew W B, Fujimoto T, Meyer J, Scherer F M. Product development in the world auto industry ［J］ . Brookings Papers On Economic Activity, 1987 (3): 729-781.

［49］ Cohen W M, Levinthal D A. Innovation and learning: The two faces of R&D ［J］ . Economic Journal, 1989, 99 (397): 569-596.

［50］ Cohen W M, Levinthal D A. Absorptive Capacity: A new perspective on learning and innovation ［J］ . Administrative Science Quarterly, 1990, 35 (1): 128-152.

［51］ Collins J M, Clark M R. AN application of the theory of neural computation to the prediction of workplace behavior: An illustration and assessment of network analysis ［J］ . Personnel Psychology, 1993, 46 (3): 503-524.

［52］ Cooper D, Patel P C, Thatcher S M B. It Depends: Environmental context and the effects of faultlines on top management team performance ［J］ . Organization Science, 2014, 25 (2): 633-652.

［53］ Criscuolo P, Dahlander L, Grohsjean T, Salter A. Evaluating novelty: The role of panels in the selection of R&D projec TS ［J］ . Academy of Management

Journal, 2017, 60 (2): 433-460.

[54] Crossan M M, Lane H W, White R E. An Organizational learning frame-work_ from intuition to institution [J]. Academy of Management Review, 1999, 24 (3): 522-537.

[55] Crossland C, Zyung J, Hiller N J, Hambrick D C. Ceo career variety: Effects on firm-level strategic and social novelty [J]. Academy of Management Journal, 2014, 57 (3): 652-674.

[56] Cuervo-Cazurra A, Un C A. Why some firms never invest in formal R&D [J]. Strategic Management Journal, 2010, 31 (7): 759-779.

[57] Cyert R M, March J G. A behavioral theory of the firm [M]. NJ: Englewood Cliffs, 1963.

[58] Daft R L, Weick K E. Toward a model of organizations as interpretation systems [J]. Academy of Management Review, 1984, 9 (2): 23-31.

[59] Datta D K, Rajagopalan N, Zhang A Y. New CEO openness to change and strategic persistence: The moderating role of industry characteristics [J]. British Journal of Management, 2003, 14 (2): 101-114.

[60] Datta S, Iskandar-Datta M. Upper-echelon executive human capital and compensation: Generalist vs specialist skills [J]. Strategic Management Journal, 2014, 35 (12): 1853-1866.

[61] Davis P S, Babakus E, Englis P D, Pett T. The influence of CEO gender on market orientation and performance in service small and medium-sized service businesses [J]. Journal of Small Business Management, 2010, 48 (4): 475-496.

[62] De Volder M L, Lens W. Academic achievement and future time perspective as a cognitive-motivational concept [J]. Journal of Personality & Social Psychology, 1982, 42 (3): 566-571.

[63] Dearborn D W C, Simon H A. Selective perception: A note on the departmental identifications of executives [J]. Sociometry, 1958, 21 (2): 140-144.

[64] Dechow P M, Sloan R G. Executive incentives and the horizon problem: An empirical investigation [J]. Journal of Accounting & Economics, 1991, 14 (1):

51-89.

[65] Dierickx I, Cool K. Asset stock accumulation and sustainability of competitive advantage [J]. Management Science, 1989, 35 (12): 1504-1511.

[66] Dijk H V, Engen M L V, Knippenberg D V. Defying conventional wisdom: A meta-analytical examination of the differences between demographic and job-related diversity relationships with performance [J]. Organizational Behavior & Human Decision Processes, 2012, 119 (1): 38-53.

[67] Dimasi J A, Hansen R W, Grabowski H G. The price of innovation: New estimates of drug development costs [J]. Journal of Health Economics, 2003, 22 (2): 151-185.

[68] Dixon-Fowler H R, Ellstrand A E, Johnson J L. Strength in numbers or guilt by association? Intragroup effects of female chief executive announcements [J]. Strategic Management Journal, 2013, 34 (12): 1488-1501.

[69] Duncan R. The ambidextrous organization: Designing dual structures for innovation [M]. The management of organization design, Eds. ed; Killman R, Pondy L, Slevin D, New York: North-Holland, 1976 (1): 167-188.

[70] Dutton J E, Jackson S E. Categorizing strategic issues: Links to organizational action [J]. Academy of Management Review, 1987, 12 (1): 76-90.

[71] Dyer J H, Singh H. The Relational view: Cooperative strategy and sources of interorganizational competitive advantage [J]. The Academy of Management Review, 1998, 23 (4): 660-679.

[72] Edmondson A C, Mcmanus S E. Methodological fit in management field research [J]. Academy of Management Review, 2007, 32 (4): 1155-1179.

[73] Eesley C E, Hsu D H, Roberts E B. The contingent effects of top management teams on venture performance: Aligning founding team composition with innovation strategy and commercialization environment [J]. Strategic Management Journal, 2014, 35 (12): 1798-1817.

[74] Eisenhardt K M. building theories from case study research [J]. Academy of Management Review, 1989, 14 (4): 532-550.

［75］Eisenhardt K M, Martin J A. Dynamic capabilities: What are they? ［J］. Strategic Management Journal, 2000 (21): 1105-1121.

［76］Fan J P H, Wong T J, Zhang T. Politically connected CEOs, corporate governance, and Post-IPO performance of China's newly partially privatized firms ［J］. Journal of Financial Economics, 2007, 84 (2): 330-357.

［77］Finkelstein S, Hambrick D C. Top-management-team tenure and organizational outcomes: The moderating role of managerial discretion ［J］. Administrative Science Quarterly, 1990, 35 (3): 484-503.

［78］Floyd S W, Lane P J. Strategizing throughout the organization: Managing role conflict in strategic renewal ［J］. Academy of Management Review, 2000, 25 (1): 154-177.

［79］Fornell C, Larcker D F. Evaluating structural equation models with unobservable variables and measurement error ［J］. Journal of Marketing Research, 1981, 18 (1): 39-50.

［80］Gentry R J, Shen W. The impacts of performance relative to analyst forecasts and analyst coverage on firm R&D intensity ［J］. Strategic Management Journal, 2013, 34 (1): 121-130.

［81］Ghoshal S, Bartlett C A. Linking organizational context and managerial action: The dimensions of quality of management ［J］. Strategic Management Journal, 1994 (15): 91-112.

［82］Gibson C B, Birkinshaw J. The antecedents, consequences, and mediating role of organizational ambidexterity ［J］. Academy of Management Journal, 2004, 47 (2): 209-226.

［83］Gibson C B, Waller M J, Carpenter M A, Conte J M. Antecedents, consequences, and moderators of time perspective heterogeneity for knowledge management in MNO teams ［J］. Journal of Organizational Behavior, 2007, 28 (8): 1005-1034.

［84］Granovetter M S. The strength of weak ties ［J］. American Journal of Sociology, 1973, 78 (6): 1360-1380.

［85］ Grant R M. Toward a knowledge-based theory of the firm ［J］. Strategic Management Journal, 1996, 17 （S2）: 109-122.

［86］ Grant R M. Prospering in Dynamically-competitive environments: Organizational capability as knowledge integration ［J］. Organization Science, 1996, 7 （4）: 375-387.

［87］ Greve H R. A behavioral theory of R&D expenditures and innovations: Evidence from shipbuilding ［J］. Academy of Management Journal, 2003, 46 （6）: 685-702.

［88］ Greve H R. Exploration and exploitation in product innovation ［J］. Industrial and Corporate Change, 2007, 16 （5）: 945-975.

［89］ Guadalupe M, Li H, Wulf J. Who lives in the c-suite? Organizational structure and the division of labor in top management ［J］. Management Science, 2014, 60 （4）: 824-844.

［90］ Guillaume Y R, Dawson J F, Otayeebede L, Woods S A, West M A. Harnessing demographic differences in organizations: What moderates the effects of workplace diversity? ［J］. Journal of Organizational Behavior, 2017, 38 （2）: 276-303.

［91］ Gupta A K, Smith K G, Shalley C E. The interplay between exploration and exploitation ［J］. Academy of Management Journal, 2006, 49 （4）: 693-706.

［92］ Haans R F J, Pieters C, He Z L. Thinking about U: Theorizing and testing U-and inverted U-shaped relationships in strategy research ［J］. Strategic Management Journal, 2016, 37 （7）: 1177-1195.

［93］ Haleblian J, Finkelstein S. Top management team size, ceo dominance, and firm performance: The moderating roles of environmental turbulence and discretion ［J］. Academy of Management Journal, 1993, 36 （4）: 844-863.

［94］ Hambrick D C. The seasons of a CEO's tenure ［J］. Academy of Management Review Academy of Management, 1991, 16 （4）: 719.

［95］ Hambrick D C. Upper echelons theory: An update ［J］. Academy of Management Review, 2007, 32 （2）: 334-343.

［96］ Hambrick D C, D'Aveni R A. Top team deterioration as part of the downward spiral of large corporate bankruptcies ［J］. Management Science, 1992, 38 (10): 1445-1466.

［97］ Hambrick D C, Geletkanycz M A, Fredrickson J W. Top executive commitment to the status quo: Some tests of its determinants ［J］. Strategic Management Journal, 1993, 14 (6): 401-418.

［98］ Hambrick D C, Humphrey S E, Gupta A. Structural interdependence within top management teams: A key moderator of upper echelons predictions ［J］. Strategic Management Journal, 2015, 36 (3): 449-461.

［99］ Hambrick D C, Mason P A. Upper echelons: The organization as a reflection of its top managers ［J］. The Academy of Management Review, 1984, 9 (2): 193-206.

［100］ Hamel G. Competition for competence and interpartner learning within international strategic alliances ［J］. Strategic Management Journal, 1991, 12 (S1): 83-103.

［101］ Hannan M T, Freeman J. Structural inertia and organizational change ［J］. American Sociological Association, 1984, 49 (2): 149-164.

［102］ Hannan M T, Freeman J. The population ecology of organizations ［J］. American Journal of Sociology, 1977 (82): 929-964.

［103］ Hansen M T. The search-transfer problem: The role of weak ties in sharing knowledge across organization subunits ［J］. Administrative Science Quarterly, 1999, 44 (1): 82-111.

［104］ He J, Wang H C. Innovative knowledge assets and economic performance: The asymmetric roles of incentives and monitoring ［J］. Academy of Management Journal, 2009, 52 (5): 919-938.

［105］ He Z, Wong P. Exploration vs. exploitation: An empirical test of the ambidexterity hypothesis ［J］. Organization Science, 2004, 15 (4): 481-494.

［106］ Heavey C, Simsek Z. Distributed cognition in top management teams and organizational ambidexterity: The influence of transactive memory systems ［J］. Journal of Management, 2017, 43 (3): 919-945.

[107] Henderson A D, Miller D, Hambrick D C. How quickly do CEOs become obsolete? Industry dynamism, CEO tenure, and company performance [J]. Strategic Management Journal, 2006, 27 (5): 447-460.

[108] Henderson R M, Clark K B. Architectural innovation: The reconfiguration of existing product technologies and the failure of established firms [J]. Administrative Science Quarterly, 1990, 35 (1): 9-30.

[109] Henderson R, Cockburn I. Measuring competence exploring firm effects in pharmaceutical research [J]. Strategic Management Journal, 1994 (15): 63-84.

[110] Hendry J. The principal's other problems: Honest incompetence and the specification of objectives [J]. Academy of Management Review, 2002, 27 (1): 98-113.

[111] Heyden M L M, Reimer M, Doorn S V. Innovating beyond the horizon: Ceo career horizon, top management composition, and r&d intensity [J]. Human Resource Management, 2017, 56 (2): 205-224.

[112] Higgins M C, Kram K E. Reconceptualizing mentoring at work: A developmental network perspective [J]. Academy of Management Review, 2001, 26 (2): 264-288.

[113] Hitt M A, Tyler B B. Strategic decision models: Integrating different perspectives [J]. Strategic Management Journal, 1991, 12 (5): 327-351.

[114] Holmqvist M. Experiential learning processes of exploitation and exploration within and between organizations: An empirical study of product development [J]. Organization Science, 2004, 15 (1): 70-81.

[115] Hooijberg R, Ditomaso N. Leadership in and of demographically diverse organizations [J]. Leadership Quarterly, 1996, 7 (1): 1-19.

[116] Huang J, Kisgen D J. Gender and corporate finance: Are male executives overconfident relative to female executives? [J]. Social Science Electronic Publishing. 2013, 108 (3): 822-839.

[117] Huber G P. Organizational learning: The contributing processes and the lit-

eratures [J]. Organization Science, 1991, 2 (1): 88-115.

[118] Hutzschenreuter T, Kleindienst I, Greger C. How new leaders affect strategic change following a succession event: A critical review of the literature [J]. Leadership Quarterly, 2012, 23 (5): 729-755.

[119] Im G, Rai A. Knowledge sharing ambidexterity in long-term interorganizational relationships [J]. Management Science, 2008, 54 (7): 1281-1296.

[120] Jansen J J P, George G, Van den Bosch F A J, Volberda H W. Senior team attributes and organizational ambidexterity: The moderating role of transformational leadership [J]. Journal of Management Studies, 2008, 45 (5): 982-1007.

[121] Jansen J J P, Tempelaar M P, van den Bosch F A J, Volberda H W. Structural differentiation and ambidexterity: The mediating role of integration mechanisms [J]. Organization Science, 2009, 20 (4): 797-811.

[122] Jansen J J P, Van Den Bosch F A J, Volberda H W. Exploratory innovation, exploitative innovation, and performance: Effects of organizational antecedents and environmental moderators [J]. Management Science, 2006, 52 (11): 1661-1674.

[123] Jefferson G H, Huamao B, Xiaojing G, Xiaoyun Y. R and D performance in chinese industry [J]. Economics of Innovation & New Technology, 2002, 15 (4-5): 345-366.

[124] Jensen M B, Johnson B, Lorenz E, Lundvall B. Forms of knowledge and modes of innovation [J]. Research Policy, 2007, 36 (5): 680-693.

[125] Joshi A, Liao H, Roh H. Bridging domains in workplace demography research: A review and reconceptualization [J]. Journal of Management, 2011, 37 (2): 521-552.

[126] Kalyta P. Compensation transparency and managerial opportunism: A study of supplemental retirement plans [J]. Strategic Management Journal, 2009, 30 (4): 405-423.

[127] Kammerlander N, Burger D, Fust A, Fueglistaller U. Exploration and exploitation in established small and medium-sized enterprises: The effect of CEOs' reg-

ulatory focus [J] . Journal of Business Venturing, 2015, 30 (4): 582-602.

[128] Katila R, Ahuja G. Something old, something new: A longitudinal study of search behavior and new product introduction [J] . Academy of Management Journal, 2002, 45 (6): 1183-1194.

[129] Khan W A, Vieito J P. Ceo gender and firm performance [J] . Journal of Economics & Business, 2013, 67 (C): 55-66.

[130] Kleinbaum A M, Tushman M L. Building bridges: The social structure of interdependent innovation [J] . Strategic Entrepreneurship Journal, 2007, 1 (1-2): 103-122.

[131] Knippenberg D V, Mell J N. Past, present, and potential future of team diversity research: From compositional diversity to emergent diversity [J] . Organizational Behavior & Human Decision Processes, 2016 (136): 135-145.

[132] Kogut B. Joint ventures: Theoretical and empirical perspectives [J] . Strategic Management Journal, 1988 (9): 319-332.

[133] Kogut B, Zander U. Knowledge of the firm, combinative capabilities, and the replication of technology [J] . Organization Science, 1992, 3 (3): 383-397.

[134] Kristinsson K, Candi M, Sæmundsson R J. The Relationship between founder team diversity and innovation performance: The moderating role of causation logic [J] . Long Range Planning, 2016, 49 (4): 464-476.

[135] Kuusela P. , Keil T. , Maula M. Driven by aspirations, but in what direction? Performance shortfalls, slack resources, and resource-consuming vs. resource-freeing organizational change [J] . Strategic Management Journal, 2017, 38 (5): 1101-1120.

[136] Kwee Z, Bosch F A J V, Volberda H W. The influence of top management team's corporate governance orientation on strategic renewal trajectories: A longitudinal analysis of royal dutch shell plc, 1907-2004 [J] . Journal of Management Studies, 2011, 48 (5): 984-1014.

[137] Lane P J, Koka B R, Pathak S. The reification of absorptive capacity: A critical review and rejuvenation of the construct [J] . Academy of Management Re-

view, 2006, 31 (4): 833-863.

[138] Laursen K, Salter A. Open for innovation: The role of openness in explaining innovation performance among U. K. manufacturing firms [J]. Strategic Management Journal, 2006, 27 (2): 131-150.

[139] Lavie D, Rosenkopf L. Balancing exploration and exploitation in alliance formation [J]. Academy of Management Journal, 2006, 49 (4): 797-818.

[140] Lavie D, Stettner U, Tushman M L. Exploration and exploitation within and across organizations [J]. The Academy of Management Annals, 2010, 4 (1): 109-155.

[141] Lawrence P R, Lorsch J W. Differentiation and integration in complex organizations [J]. Administrative Science Quarterly, 1967, 12 (1): 1-47.

[142] Leonard-Barton D. Core capabilities and core rigidities: A paradox in managing new product development [J]. Strategic Management Journal, 1992 (13): 111-125.

[143] Lévesque M, Minniti M. The effect of aging on entrepreneurial behavior [J]. Journal of Business Venturing, 2006, 21 (2): 177-194.

[144] Levinthal D A. Adaptation on rugged landscapes [J]. Management Science, 1997, 43 (7): 934-950.

[145] Levinthal D A, March J G. The myopia of learning [J]. Strategic Management Journal, 1993 (14): 95-112.

[146] Levitt B, March J G. Organizational learning [J]. Annual Review of Sociology, 1988 (14): 319-340.

[147] Lewin A Y, Carroll T N. The coevolution of new organizational forms [J]. Organization Science, 1999, 10 (5): 535-550.

[148] Lewin A Y, Volberda H W. Prolegomena on coevolution_ a framework for research on strategy and new organizational forms [J]. Organization Science, 1999, 10 (5): 519-534.

[149] Lewis B W, Walls J L, Dowell G W S. Difference in degrees: CEO characteristics and firm environmental disclosure [J]. Strategic Management Journal,

2014, 35 (5): 712-722.

[150] Lewis M W. Exploring paradox? Towards a more comprehensive guide [J]. The Academy of Management Review, 2000, 25 (4): 760-776.

[151] Li C. The role of top-team diversity and perspective taking in mastering organizational ambidexterity [J]. Management and Organization Review, 2016, 12 (4): 769-794.

[152] Lim E N K. The role of reference point in ceo restricted stock and its impact on r&d intensity in high-technology firms [J]. Strategic Management Journal, 2015, 36 (6): 872-889.

[153] Lin Z J, Yang H, Demirkan I. The performance consequences of ambidexterity in strategic alliance formations: Empirical investigation and computational theorizing [J]. Management Science, 2007, 53 (10): 1645-1658.

[154] Lubatkin M H, Simsek Z, Ling Y, Veiga J F. Ambidexterity and performance in small-to medium-sized firms: The pivotal role of top management team behavioral integration [J]. Journal of Management, 2006, 32 (5): 646-672.

[155] Lubatkin M, Shrieves R E. Towards reconciliation of market performance measures to strategic management research [J]. Academy of Management Review, 1986, 11 (3): 497-512.

[156] Luo X, Kanuri V K, Andrews M. How does CEO tenure matter? The mediating role of firm-employee and firm-customer relationships [J]. Strategic Management Journal, 2014, 35 (4): 492-511.

[157] March J G. Exploration and exploitation in organizational learning [J]. Organization Science, 1991, 2 (1): 69-81.

[158] March J G. Rationality, foolishness, and adaptive intelligence [J]. Strategic Management Journal, 2006, 27 (3): 201-214.

[159] Matta E, Beamish P W. The accentuated CEO career horizon problem: Evidence from international acquisitions [J]. Strategic Management Journal, 2010, 29 (7): 683-700.

[160] Mcclelland P L, Iii V L B, Oh W Y. CEO career horizon and tenure: Fu-

ture performance implications under different contingencies [J]. Journal of Business Research, 2012, 65 (9): 1387-1393.

[161] Meyer J W, Rowan B. Institutionalized organizations: Formal structure as myth and ceremony [J]. American Journal of Sociology, 1977 (83): 340-363.

[162] Miles M, Huberman A. Qualitative data analysis: An expanded source-book [M]. Newbury Park, CA: Sage Publications, 1994.

[163] Miller D, Friesen P H. Structural change and performance: Quantum versus piecemeal-incremental approaches [J]. Academy of Management Journal, 1982, 25 (4): 867-892.

[164] Miller D, Shamsie J. Learning across the life cycle: Experimentation and performance among the hollywood studio heads [J]. Strategic Management Journal, 2001, 22 (8): 725-745.

[165] Mom T J M, Van Den Bosch F A J, Volberda H W. Investigating managers' exploration and exploitation activities: The influence of top-down, bottom-up, and horizontal knowledge inflows [J]. Journal of Management Studies, 2007, 44 (6): 910-931.

[166] Mom T J M, van den Bosch F A J, Volberda H W. Understanding variation in managers' ambidexterity: Investigating direct and interaction effects of formal structural and personal coordination mechanisms [J]. Organization Science, 2009, 20 (4): 812-828.

[167] Mowery D C, Oxley J E, Silverman B S. Strategic alliacnes and interfirm knowledge transfer [J]. Strategic Management Journal, 1996 (17): 77-91.

[168] Mudambi R, Swift T. Knowing when to leap: Transitioning between exploitative and explorative R&D [J]. Strategic Management Journal, 2014, 35 (1): 126-145.

[169] Mudambi R, Swift T. Proactive R&D management and firm growth: A punctuated equilibrium model [J]. Research Policy, 2011, 40 (3): 429-440.

[170] Mudambi R, Swift T. Professional guilds, tension and knowledge management [J]. Research Policy, 2009, 38 (5): 736-745.

[171] Mullen B, Copper C. The relation between group cohesiveness and performance: An integration [J]. Psychological Bulletin, 1994, 115 (2): 210-227.

[172] Müller E, Zimmermann V. The importance of equity finance for R&D activity [J]. Small Business Economics, 2009, 33 (3): 303-318.

[173] Nadkarni S, Chen J. Bridging yesterday, today, and tomorrow: Ceo temporal focus, environmental dynamism, and rate of new product introduction [J]. Academy of Management Journal, 2014, 57 (6): 1810-1833.

[174] Nadolska A, Barkema H G. Good learners: How top management teams affect the success and frequency of acquisitions [J]. Strategic Management Journal, 2014, 35 (10): 1483-1507.

[175] Nakauchi M, Wiersema M F. Executive succession and strategic change in Japan [J]. Strategic Management Journal, 2015, 36 (2): 298-306.

[176] Nahapiet J, Ghoshal S. Social Capital, Intellectual capital, and the organizational advantage [J]. The Academy of Management Review, 1998, 23 (2): 242-266.

[177] Ndofor H A, Sirmon D G, He X. Utilizing the firm's resources: How TMT heterogeneity and resulting faultlines affect TMT tasks [J]. Strategic Management Journal, 2015, 36 (11): 1656-1674.

[178] Nelson R R. The simple economics of basic scientific research [J]. Journal of Political Economy, 1959, 67 (3): 297-306.

[179] Nelson R R, Winter S G. An evolutionary theory of economic change [M]. Cambridge, MA: Belknap Press of Harvard University Press, 1982.

[180] Nerur S P, Rasheed A A, Natarajan V. The intellectual structure of the strategic management field: An author co-citation analysis [J]. Strategic Management Journal, 2008, 29 (3): 319-336.

[181] Nohria N, Gulati R. Is slack good or bad for innovation? [J]. Academy of Management Journal, 1996, 39 (5): 1245-1264.

[182] Nonaka I. A dynamic theory of organizational knowledge Creation [J]. Organization Science, 1994, 5 (1): 14-37.

［183］ Nonaka I, Takeuchi H. The knowledge-creating company: How japanese companies create the dynamics of innovation ［M］. New York: Oxford University Press, 1995.

［184］ North D C. Institutions, institutional change, and economic performance ［M］. Cambridge University Press, 1990: 151-155.

［185］ Nunnally J. Psychometric theory ［M］. 2nd ed. New York: McGraw-Hill, 1978.

［186］ O' Reilly C A, Tushman M L. Ambidexterity as a dynamic capability: Resolving the innovator's dilemma ［J］. Research in Organizational Behavior, 2008 （28）: 185-206.

［187］ O' Reilly C A, Tushman M L. Organizational ambidexterity: Past, present, and future ［J］. Academy of Management Perspectives, 2013, 27 （4）: 324-338.

［188］ O' Reilly C A, Tushman M L. The ambidextrous organization ［J］. Harvard Business Review, 2004 （82）: 74-81.

［189］ Peng M W. Institutional transitions and strategic choices ［J］. Academy of Management Review, 2003, 28 （2）: 275-296.

［190］ Peng M W, Luo Y. Managerial ties and firm performance in a transition economy: The nature of a micro-macro link ［J］. Academy of Management Journal, 2000, 43 （3）: 486-501.

［191］ Penrose E. The theory of the growth of the firm ［M］. New York: Wiley, 1959.

［192］ Pfeffer J, Salancik G R. The external control of organizations: A resource dependence perspective ［M］. New York: Harper & Row, 1978.

［193］ Podsakoff P M, Mackenzie S B, Lee J, Podsakoff N P. Common method biases in behavioral research: A critical review of the literature and recommended remedies ［J］. Journal of Applied Psychology, 2003, 88 （5）: 879-903.

［194］ Podsakoff P M, Organ D W. Self-reports in organizational research: Problems and prospects ［J］. Journal of Management, 1986, 12 （4）: 531-544.

［195］Porter M. Competitive strategy: Techniques for analyzing industries and competitors ［M］. New York: Free Press, 1980.

［196］Powell W W, Koput K W, Smith-Doerr L. Interorganizational collaboration and the locus of innovation: Networks of learning in biotechnology ［J］. Administrative Science Quarterly, 1996, 41 (1): 116-145.

［197］Prahalad C, Hamel G. The core competence of the corporation ［J］. Harvard Business Review, 1990 (June): 79-91.

［198］Qian C, Wang H, Geng X, Yu Y. Rent appropriation of knowledge-based assets and firm performance when institutions are weak: A study of Chinese publicly listed firms ［J］. Strategic Management Journal, 2017, 38 (4): 892-911.

［199］Raisch S, Birkinshaw J. Organizational ambidexterity: Antecedents, outcomes, and moderators ［J］. Journal of Management, 2008, 34 (3): 375-409.

［200］Raisch S, Birkinshaw J, Probst G, Tushman M L. Organizational ambidexterity: Balancing exploitation and exploration for sustained performance ［J］. Organization Science, 2009, 20 (4): 685-695.

［201］Rajagopalan N, Spreitzer G M. Toward a theory of strategic change: A multi-lens perspective and integrative framework ［J］. Academy of Management Review, 1997 (22): 48-79.

［202］Ramos-Rodriguez A R, Ruiz-Navarro J. Changes in the intellectual structure of strategic management research: A bibliometric study of the Strategic Management Journal, 1980-2000 ［J］. Strategic Management Journal, 2004, 25 (10): 981-1004.

［203］Rogan M. Executive departures without client losses: The role of multiplex ties in exchange partner retention ［J］. Academy of Management Journal, 2014, April (2): 563-584.

［204］Romanelli E, Tushman M L. Organizational transformation as punctuated equilibrium: An empirical test ［J］. Academy of Management Journal, 1994, 37 (5): 1141-1666.

［205］Rosenkopf L, Nerkar A. Beyond local search: Boundary-spanning, exploration, and impact in the optical disk industry [J]. Strategic Management Journal, 2001, 22 (4): 287-306.

[206] Rosing K, Frese M, Bausch A. Explaining the heterogeneity of the leadership-innovation relationship: Ambidextrous leadership [J]. Leadership Quarterly, 2011, 22 (5): 956-974.

[207] Rothaermel F T. Incumbent's advantage through exploiting complementary assets via interfirm cooperation [J]. Strategic Management Journal, 2001, 22 (6-7): 687-699.

[208] Rothaermel F T, Alexandre M T. Ambidexterity in technology sourcing: The moderating role of absorptive capacity [J]. Organization Science, 2009, 20 (4): 759-780.

[209] Rothaermel F T, Deeds D L. Exploration and exploitation alliances in biotechnology: A system of new product development [J]. Strategic Management Journal, 2004, 25 (3): 201-221.

[210] Rowley T, Behrens D, Krackhardt D. Redundant governance structures: An analysis of structural and relational embeddedness in the steel and semiconductor industries [J]. Strategic Management Journal, 2000, 21 (3): 369-386.

[211] Schumpeter J A. Cost and demand functions of the individual firm [J]. American Economic Review, 1942 (1): 57-80.

[212] Schumpeter J A. The theory of economic development [M]. Cambridge, MA: Harvard University Press, 1934.

[213] Schwenk C. Management tenure and explanations for success and failure [J]. Omega, 2009, 21 (4): 449-456.

[214] Shafique M. Thinking inside the box? Intellectual structure of the knowledge base of innovation research (1988-2008) [J]. Strategic Management Journal, 2013, 34 (1): 62-93.

[215] Shipp A J, Payne S C, Culbertson S S. Changes in newcomer job satisfaction over time: Examining the pattern of honeymoons and hangovers [J]. Journal of Applied Psychology, 2009, 94 (4): 844.

［216］Siggelkow N, Rivkin J W. Speed and search: Designing organizations for turbulence and complexity ［J］. Organization Science, 2003, 16 (2): 101-122.

［217］Simons T, Pelled L H, Smith K A. Making use of difference: Diversity, debate, and decision comprehensiveness in top management teams ［J］. Academy of Management Journal, 1999, 42 (6): 662-673.

［218］Simsek Z. Organizational ambidexterity: Towards a multilevel understanding ［J］. Journal of Management Studies, 2009, 46 (4): 597-624.

［219］Simsek Z. CEO tenure and organizational performance: An intervening model ［J］. Strategic Management Journal, 2007, 28 (6): 653-662.

［220］Simsek Z, Heavey C, Veiga J F, Souder D. A typology for aligning organizational ambidexterity's conceptualizations, antecedents, and outcomes ［J］. Journal of Management Studies, 2009, 46 (5): 864-894.

［221］Simsek Z, Veiga J F, Lubatkin M H, Dino R N. Modeling the multilevel determinants of top management team behavioral integration ［J］. Academy of Management Journal, 2005, 48 (1): 69-84.

［222］Smith N, Smith V, Verner M. Do Women in top management affect firm performance? A Panel Study of 2500 Danish Firms ［J］. Social Science Electronic Publishing, 2005, 55 (7): 569-593.

［223］Smith W K, Lewis M W. Toward a theory of paradox: A dynamic equilibrium model of organizing ［J］. Academy of Management Review, 2011, 36 (2): 381-403.

［224］Smith W K, Tushman M L. Managing strategic contradictions: A top management model for managing innovation streams ［J］. Organization Science, 2005, 16 (5): 522-536.

［225］Sørensen J B, Stuart T E. Aging, obsolescence, and organizational innovation ［J］. Administrative Science Quarterly, 2000, 45 (1): 81-112.

［226］Souitaris V, Zerbinati S, Liu G. Which iron cage? Endo-and exoisomorphism in corporate venture capital programs ［J］. Academy of Management Journal, 2012, 55 (2): 477-505.

[227] Srikanth K, Harvey S, Peterson R. A dynamic perspective on diverse teams: Moving from the dual-process model to a dynamic coordination-based model of diverse team performance [J]. Academy of Management Annals, 2016, 10 (1): 453-493.

[228] Srivastava A, Lee H. Predicting order and timing of new product moves: The role of top management in corporate entrepreneurship [J]. Journal of Business Venturing, 2005, 20 (4): 459-481.

[229] Subramaniam M, Youndt M A. The influence of intellectual capital on the types of innovative capabilities [J]. Academy of Management Journal, 2005, 48 (3): 450-463.

[230] Suddaby R. Editor's comments: Why theory? [J]. Academy of Management Review, 2014, 39 (4): 407-411.

[231] Swift T. The perilous leap between exploration and exploitation [J]. Strategic Management Journal, 2016, 37 (8): 1688-1698.

[232] Szulanski G. Exploring internal stickiness: Impediments to the transfer of best practice within the firm [J]. Strategic Management Journal, 1996, 17 (S2): 27-43.

[233] Talke K, Salomo S, Rost K. How top management team diversity affects innovativeness and performance via the strategic choice to focus on innovation fields [J]. Research Policy, 2010, 39 (7): 907-918.

[234] Taylor A, Helfat C E. Organizational linkages for surviving technological change: Complementary assets, middle management, and ambidexterity [J]. Organization Science, 2009, 20 (4): 718-739.

[235] Teece D J. Profiting from technological innovation: Implications for integration, collaboration, licensing and public policy [J]. Research Policy, 1986 (15): 285-305.

[236] Teece D J. Explicating dynamic capabilities: The nature and microfoundations of (sustainable) enterprise performance [J]. Strategic Management Journal, 2007, 28 (13): 1319-1350.

［237］Teece D J, Pisano G, Shuen A. Dynamic capabilities and strategic management ［J］. Strategic Management Journal, 1997, 18 (7): 509-533.

［238］Thompson J D. Organizations in action: Social science bases of administrative theory ［M］. New York: McGraw-Hill, 1967.

［239］Tilton J E. International diffusion of technology: The case of semiconductors ［M］. Washington: Brookings Institution, 1971.

［240］Trott P, Simms C. An examination of product innovation in low-and medium-technology industries: Cases from the UK packaged food sector ［J］. Research Policy, 2017, 46 (3): 605-623.

［241］Tsui A S. Contextualization in chinese management research ［J］. Management and Organization Review, 2006, 2 (1): 1-13.

［242］Tushman M L, Anderson P. Organizational discontinuities and organizational environment ［J］. Administrative Science Quarterly, 1986, 31 (3): 439-465.

［243］Tushman M L, O' Reilly C A. Ambidextrous organizations: Manging evolutionary and revolutionary change ［J］. California Management Review, 1996, 38 (4): 8-30.

［244］Uotila J, Maula M, Keil T, Zahra S A. Exploration, exploitation, and financial performance: Analysis of S&P 500 corporations ［J］. Strategic Management Journal, 2009, 30 (2): 221-231.

［245］Usdiken B. Centres and peripheries: Research styles and publication patterns in "top" us journals and their european alternatives, 1960-2010 ［J］. Journal of Management Studies, 2014, 51 (5): 764-789.

［246］Uzzi B. Social structure and competition in interfirm networks: The paradox of embeddedness ［J］. Administrative Science Quarterly, 1997, 42 (1): 35-67.

［247］Veiga J F. Mobility influences during managerial career stages ［J］. Academy of Management Journal, 1983, 26 (1): 64-85.

［248］Venkatraman N, Lee C H, Iyer B. Strategic ambidexterity and sales growth: A longitudinal test in the software sector ［R］. (Working Paper). Boston

University, 2007.

[249] Vera D, Crossan M. Strategic leadership and organizational learning [J]. Academy of Management Review, 2004, 29 (2): 222-240.

[250] Vogel R. The Visible colleges of management and organization studies: A bibliometric analysis of academic journals [J]. Organization Studies, 2012, 33 (8): 1015-1043.

[251] Volberda H W, Foss N J, Lyles M A. Absorbing the concept of absorptive capacity: How to realize its potential in the organization field [J]. Organization Science, 2010, 21 (4): 931-951.

[252] von Hippel E. The sources of innovation [M]. New York: Oxford University Press, 1988.

[253] Wally S, Baum J R. Personal and structural determinants of the pace of strategic decision making [J]. Academy of Management Journal, 1994, 37 (4): 932-956.

[254] Weick K. The social psychology of organizing [M]. 2nd ed. Reading, MA: Addison-Wesley, 1979.

[255] Weinzimmer L G. Top management team correlates of organizational growth in a small business context: A comparative study [J]. Journal of Small Business Management, 1997, 35 (3): 1-9.

[256] Wernerfelt B. A resource-based view of the firm [J]. Strategic Management Journal, 1984 (5): 171-180.

[257] Whetten D A. An examination of the interface between context and theory applied to the study of chinese organizations [J]. Management and Organization Review, 2009, 5 (1): 29-55.

[258] Williams K, O'Reilly C. The complexity of diversity: A review of fourty years of research [M]. Staw B, Sutton R, Greenwich: 21, CT: JAI Press, 1998: 77-140.

[259] Wittenbaum G M, Stasser G. Management of information in small groups [M]. Thousand Oaks: Sage Publications, 1996.

［260］Xu D, Meyer K E. Linking theory and context："Strategy Research in E-merging Economies" after Wright et al.（2005）［J］. Journal of Management Studies, 2013, 50（7）: 1322-1346.

［261］Yin R. case study research: Design and methods［M］. 2nd ed. Newbury Park, CA: Sage, 1994.

［262］Zahra S A. Goverance, ownership, and corporate entrepreneurship: The moderating impact of industry technological opportunities［J］. Academy of Management Journal, 1996, 39（6）: 1713-1735.

［263］Zahra S A, George G. Absorptive capacity: A review, reconceptualization and extension［J］. Academy of Management Review, 2002, 27（2）: 185-203.

［264］Zhang Y, Qu H. The impact of ceo succession with gender change on firm performance and successor early departure: Evidence from china's publicly listed companies in 1997-2010［J］. Academy of Management Journal, 2016, 59（5）: 1845-1868.

［265］Zhang Y, Rajagopalan N. CEO succession planning: Finally at the center stage of the boardroom［J］. Business Horizons, 2010, 53（5）: 455-462.

［266］Zhang Y, Waldman D A, Han Y, Li X. Paradoxical leader behaviors in people management: Antecedents and consequences［J］. Academy of Management Journal, 2015, 58（2）: 538-566.

［267］Zhang Y, Rajagopalan N. once an outsider, always an outsider? CEO origin, strategic change, and firm performance［J］. Strategic Management Journal, 2010, 31（3）: 334-346.

［268］Zhou J, George J M. Awakening employee creativity: The role of leader emotional intelligence［J］. Leadership Quarterly, 2003, 14（4-5）: 545-568.

［269］Zollo M, Winter S G. Deliberate learning and the evolution of dynamic capabilities［J］. Organization Science, 2002, 13（3）: 339-351.

［270］Zona F. Agency models in different stages of CEO tenure: The effects of stock options and board independence on R&D investment［J］. Research Policy, 2016, 45（2）: 560-575.

［271］陈强．高级计量经济学及 Stata 应用［M］．北京：高等教育出版社，2014：669.

［272］陈悦，陈超美，胡志刚，王贤文．引文空间分析原理与应用［M］．北京：科学出版社，2014：164.

［273］陈悦，陈超美，刘则渊，胡志刚，王贤文．CiteSpace 知识图谱的方法论功能［J］．科学学研究，2015（2）：242-253.

［274］戴亦一，潘越，冯舒．中国企业的慈善捐赠是一种"政治献金"吗？——来自市委书记更替的证据［J］．经济研究，2014（2）：74-86.

［275］戴亦一，肖金利，潘越．"乡音"能否降低公司代理成本？——基于方言视角的研究［J］．经济研究，2016（12）：147-160.

［276］党力，杨瑞龙，杨继东．反腐败与企业创新：基于政治关联的解释［J］．中国工业经济，2015（7）：146-160.

［277］何铮，谭劲松，陆园园．组织环境与组织战略关系的文献综述及最新研究动态［J］．管理世界，2006（11）：144-151.

［278］胡望斌，张玉利，杨俊．同质性还是异质性：创业导向对技术创业团队与新企业绩效关系的调节作用研究［J］．管理世界，2014（6）：92-109.

［279］贾良定，尤树洋，刘德鹏，郑祎，李珏兴．构建中国管理学理论自信之路——从个体、团队到学术社区的跨层次对话过程理论［J］．管理世界，2015（1）：99-117.

［280］焦豪．双元型组织竞争优势的构建路径：基于动态能力理论的实证研究［J］．管理世界，2011（11）：76-91.

［281］靳庆鲁，薛爽，郭春生．市场化进程影响公司的增长与清算价值吗？［J］．经济学（季刊），2010，9（4）：1485-1504.

［282］李桦，储小平，郑馨．双元性创新的研究进展和研究框架［J］．科学学与科学技术管理，2011（4）：58-65.

［283］李剑力．探索性创新、开发性创新及其平衡研究前沿探析［J］．外国经济与管理，2009（3）：23-29.

［284］李磊，尚玉钒．基于调节焦点理论的领导对下属创造力影响机理研究［J］．南开管理评论，2011（5）：4-11.

［285］李磊，尚玉钒，席酉民．基于调节焦点理论的领导语言框架对下属创造力的影响研究［J］．科研管理，2012（1）：127-137．

［286］李天柱，马佳，刘小琴，冯薇．挖掘研发失败项目的价值——提高生物制药研发柔性的思路及启示［J］．科学学研究，2013（8）：1165-1170．

［287］李慧云，刘镝．市场化进程、自愿性信息披露和权益资本成本［J］．会计研究，2016（1）：71-78．

［288］李文贵，余明桂．所有权性质、市场化进程与企业风险承担［J］．中国工业经济，2012（12）：115-127．

［289］连燕玲，贺小刚．CEO开放性特征、战略惯性和组织绩效——基于中国上市公司的实证分析［J］．管理科学学报，2015（1）：1-19．

［290］连燕玲，周兵，贺小刚，温丹玮．经营期望、管理自主权与战略变革［J］．经济研究，2015（8）：31-44．

［291］廖冠民，沈红波．国有企业的政策性负担：动因、后果及治理［J］．中国工业经济，2014（6）：96-108．

［292］林毅夫，张鹏飞．适宜技术、技术选择和发展中国家的经济增长［J］．经济学（季刊），2006（3）：985-1006．

［293］刘鑫，薛有志．CEO继任、业绩偏离度和公司研发投入——基于战略变革方向的视角［J］．南开管理评论，2015（3）：34-47．

［294］罗党论，唐清泉．中国民营上市公司制度环境与绩效问题研究［J］．经济研究，2009（2）：106-118．

［295］沈红波，寇宏，张川．金融发展、融资约束与企业投资的实证研究［J］．中国工业经济，2010（6）：55-64．

［296］唐跃军，左晶晶，李汇东．制度环境变迁对公司慈善行为的影响机制研究［J］．经济研究，2014（2）：61-73．

［297］王凤彬，陈建勋，杨阳．探索式与利用式技术创新及其平衡的效应分析［J］．管理世界，2012（3）：96-112．

［298］王凤彬，杨阳．跨国企业对外直接投资行为的分化与整合——基于上市公司市场价值的实证研究［J］．管理世界，2013（3）：148-171．

［299］王小鲁，樊纲，余静文．中国分省份市场化指数报告（2016）

［M］．北京：社会科学文献出版社，2017：236.

　［300］王益民，王艺霖，程海东．高管团队异质性、战略双元与企业绩效［J］．科研管理，2015（11）：89-97.

　［301］韦倩，王安，王杰．中国沿海地区的崛起：市场的力量［J］．经济研究，2014（8）：170-183.

　［302］文武．研发投入与经济周期相关性研究［D］．浙江工业大学博士学位论文，2015.

　［303］吴建祖，肖书锋．创新注意力转移、研发投入跳跃与企业绩效——来自中国A股上市公司的经验证据［J］．南开管理评论，2016，19（2）：182-192.

　［304］吴建祖，肖书锋．研发投入跳跃对企业绩效影响的实证研究——双元性创新注意力的中介作用［J］．科学学研究，2015（10）：1538-1546.

　［305］吴延兵．R&D与生产率——基于中国制造业的实证研究［J］．经济研究，2006（11）：60-71.

　［306］吴延兵．自主研发、技术引进与生产率——基于中国地区工业的实证研究［J］．经济研究，2008（8）：51-64.

　［307］吴延兵．国有企业双重效率损失研究［J］．经济研究，2012（3）：15-27.

　［308］肖书锋．创新注意力转移、研发投入跳跃与企业绩效［D］．兰州大学硕士学位论文，2016.

　［309］肖文，林高榜．政府支持、研发管理与技术创新效率——基于中国工业行业的实证分析［J］．管理世界，2014（4）：71-80.

　［310］许守任．营销探索与开发及其双元性对企业绩效的影响机制［D］．南开大学博士学位论文，2014.

　［311］杨兴全，张丽平，吴昊旻．市场化进程、管理层权力与公司现金持有［J］．南开管理评论，2014，17（2）：34-45.

　［312］杨兴全，曾春华．市场化进程、多元化经营与公司现金持有［J］．管理科学，2012，25（6）：43-54.

　［313］杨雪，顾新，王元地．企业外部技术搜寻平衡研究——基于探索-开

发的视角［J］．科学学研究，2015（6）：907-914.

［314］姚冰湜，马琳，王雪莉，李秉祥．高管团队职能异质性对企业绩效的影响：CEO 权力的调节作用［J］．中国软科学，2015（2）：117-126.

［315］于蔚，汪淼军，金祥荣．政治关联和融资约束：信息效应与资源效应［J］．经济研究，2012（9）：125-139.

［316］余明桂，回雅甫，潘红波．政治联系、寻租与地方政府财政补贴有效性［J］．经济研究，2010（3）：65-77.

［317］余明桂，潘红波．政治关系、制度环境与民营企业银行贷款［J］．管理世界，2008（8）：9-21.

［318］余泳泽，张先轸．要素禀赋、适宜性创新模式选择与全要素生产率提升［J］．管理世界，2015（9）：13-31.

［319］袁东任．信息披露与企业研发投入——基于中国的理论与实证研究［D］．浙江大学博士学位论文，2015.

［320］张敏，张胜，王成方，申慧慧．政治关联与信贷资源配置效率——来自我国民营上市公司的经验证据［J］．管理世界，2010（11）：143-153.

［321］张三保，张志学．区域制度差异、CEO 管理自主权与企业风险承担——中国 30 省高技术产业的证据［J］．管理世界，2012（4）：101-114.

［322］张晓芬，董玉宽，刘强．区域集群企业双元创新的诱导机制研究——使能力、情境力、摄动力和触发力的聚合［J］．科研管理，2015（S1）：36-41.

［323］张晓棠，安立仁．双元创新搜索、情境分离与创新绩效［J］．科学学研究，2015（8）：1240-1250.

［324］赵丰义，唐晓华．技术创新二元网络组织的理论与经验研究——基于探索与利用跨期耦合的视角［J］．中国工业经济，2013（8）：83-95.

［325］赵良杰，宋波．联盟网络结构和技术互依性对双元型技术联盟网络创新绩效的影响［J］．管理学报，2015（4）：558-564.

［326］郑晓明，丁玲，欧阳桃花．双元能力促进企业服务敏捷性——海底捞公司发展历程案例研究［J］．管理世界，2012（2）：131-147.

［327］周华林，李雪松．Tobit 模型估计方法与应用［J］．经济学动态，2012（5）：105-119.

［328］朱朝晖，陈劲．探索性学习和挖掘性学习的协同与动态：实证研究［J］．科研管理，2008（6）：1-9.

［329］朱朝晖，陈劲，陈钰芬．探索性技术学习和挖掘性技术学习及其机理［J］．科研管理，2009（3）：23-31.

［330］朱沆，Eric Kushins，周影辉．社会情感财富抑制了中国家族企业的创新投入吗？［J］．管理世界，2016（3）：99-114.

后　记

　　本书是博士论文的主要成果，其顺利完成，要感谢师长、家人和朋友的支持！

　　首先，感谢我的导师王宗军教授，谢谢您在博士入学之初对我的赏识和接纳；谢谢您在博士论文写作期间的指导和帮助；谢谢您在我受挫懊恼时的鼓励和支持。您不仅在学习和科研方面是我的导师，也是我生活中的榜样，您的包容大度、豪爽从容深深影响着我。

　　感谢319实验室的小伙伴们，在紧张枯燥的研究生涯中带来欢笑和安慰。特别感谢李喆、兰潇、喻奕等在项目中的支持和帮助；感谢齐二娜师姐、杨兴锐师姐和蒋振宇师弟等在博士论文修改过程中提供的帮助；也特别感谢曾珍和刘丽雯，我们一起分享焦虑和困惑，相互宽慰和帮助。

　　感谢小分队的女孩们，咱们一起吃饭，一起学习，一起过生日……你们让我的博士生活不再枯燥，充满了乐趣和生活的气息。她们是吴伶俐、刘丽雯、张云怡、王晓燕、古华莹博士。还有一位特别的成员——魏娟博士，谢谢你在我的第一篇实证论文中提供的莫大帮助！感谢王军鹏博士和钟慧杰博士在Stata学习过程中给予的帮助！也特别感谢我的师弟侯宇博士，你是我的百科全书。

　　感谢读书会的朋友们，他们是吴伶俐、阮萌萌、邵丹萍、滕磊、邓小丰、赵琦、明威博士，我们每周的相聚、讨论以及分享，是最值得期待的，你们让我的生活更加丰富，也让我的思考更加深入！

　　最后，感谢我的家人，特别是我先生曹祖毅博士，谢谢你在博士这段艰难青葱岁月中给我的陪伴、包容、鼓励、支持和爱护。也特别感谢我的兄弟姐妹们，你们的爱让我和祖毅体会到家庭的温暖和支持。